KB204489

쉽게 읽는
반야심경

쉽게 읽는 반야심경

송산 지음

東洋 聖書의 심장부인
반야심경을 현대적 감각으로
알기 쉽게 풀이한 불후의 명저

황폐한 마음의 소리를 찾지 못해 고뇌하고 방황하는
현대인의 마음에 반야심경에 담겨있는 무한한 반야의 지혜를 통해
본래의 자기 마음을 되찾고 슬기롭게
현명한 생활로 이끌어줄 해답을 제시한다!

창작시대사

머리말

대승불교에는 많은 경전이 있습니다만 그 중에서도 특히 금강경·법화경·화엄경은 대승삼부(大乘三部) 경전이라 할 수 있을 정도로 중요합니다. 이 중에서 그 특색을 살펴보면, 부처님의 실상을 말씀하신 경전은 법화경이고, 보살의 자비행을 말씀하신 경전은 화엄경이고, 불교의 절대 해탈의 세계를 말씀하신 경전은 금강경입니다. 이리하여 불교는 부처님의 종교, 해탈의 종교, 자비의 종교라 할 수 있습니다. 다시 말해 부처님에 대해서는 법화경, 자비에 대해서는 화엄경, 해탈에 대해서는 금강경이라고 말할 수 있습니다. 금강경을 금강반야바라밀경(金剛般若波羅蜜經), 또는 금강반야경이라고도 하는데 우리가 항상 독송하고 신앙하는 경전입니다.

여기에 속한 경으로서는 금강반야바라밀경만 있는 것이 아니라, 대반야바라밀경(大般若波羅蜜經) 600권을 포함해서 약 800여 권의 반야부(般若部)경전이 있습니다. 반야심경은 이렇게 많은 반야부 경전 중의 하나입니다. 그런데 금강반야바라밀경은(보통 독송본) 중국 현장(玄奘, 602~664) 법사가 번역한 600권 대반야바라밀경 중 제 577 권에 해당하는 경입니다. 이러한 금강경을 독송함에도 불구하고 또 반야심경을 읽습니다. 그 이유는 반야심경의 강술을 통해서 밝혀지게 될 것입니다.

반야심경과 천수경은 우리나라의 불교 행사 중에 제일 많이 읽혀지는 경입니다. 반야심경과 천수경은 불교의 일반법회에서 항상 봉독되고 있습니다. 천수경에서는 관세음보살의 원력(願力)과 위신력(威神力)을 말했습니다. 그리고 중생이 어떻게 관세음보살을 신앙하며 중생의 입장에서 어떠한 발원(發願)을 해야 하는가에 대하여 말씀했습니다. 이에 비해서 반야심경에서는 반야중도해탈(般若中道解脫)의 세계를 중심으로 말씀하고 있습니다.

이러한 반야심경의 글자 수는 모두 270자밖에 안 되는 짤막한 경이지만 참으로 만나기 어려운 법보(法寶)인 것입니다. 더욱이 반야심경은 반야부의 심장부에 해당하는 심경(心經)이기 때문에 더욱 더 중요한 경전이라 하겠습니다.

이 책 《알기 쉬운 반야심경》에서는 빠른 이해를 돕기 위해 반야의 지혜를 생활화 할 수 있고 슬기와 지혜를 체득할 수 있도록 에세이로 쉽고 흥미있게 풀어 썼습니다. 이 책은 우리들에게 반야심경의 정수를 시원하게 풀어 주리라 믿습니다.

摩訶般若波羅蜜多心經
마하반야바라밀다심경

觀自在菩薩 行深般若波羅蜜多時 照見 五蘊皆空 度一切苦厄

관자재보살 행심반야바라밀다시 조견 오온개공 도일체고액

舍利子 色不異空 空不異色 色卽是空 空卽是色 受想行識 亦復如是

사리자 색불이공 공불이색 색즉시공 공즉시색 수상행식 역부여시

舍利子 是諸法空相 不生不滅 不垢不淨 不增不減

사리자 시제법공상 불생불멸 불구부정 부증불감

是故 空中無色 無受想行識 無眼耳鼻舌身意 無色聲香味
觸法
시고 공중무색 무수상행식 무안이비설신의 무색성향미
촉법

無眼界 乃至 無意識界 無無明 亦無無明盡 乃至 無老死
亦無老死盡
무안계 내지 무의식계 무무명 역무무명진 내지 무노사
역무노사진

無苦集滅道 無智亦無得 以無所得故
무고집멸도 무지역무득 이무소득고

菩提薩埵 依般若波羅蜜多故 心無罣礙 無罣礙故 無有
恐怖 遠離顚倒夢想 究竟涅槃
보리살타 의반야바라밀다고 심무가애 무가애고 무유
공포 원리전도몽상 구경열반

三世諸佛 依般若波羅蜜多故　得阿耨多羅三藐三菩提

삼세제불 의반야바라밀다고　득아뇩다라삼막삼보리

故知　般若波羅蜜多　是大神呪　是大明呪　是無上呪　是無等
等呪

고지　반야바라밀다 시대신주 시대명주 시무상주 시무등
등주

能除　一切苦　眞實不虛　故說　般若波羅蜜多呪

능제　일체고　진실불허　고설　반야바라밀다주

卽說呪曰, **揭諦揭諦　波羅揭諦　波羅僧揭諦　菩提娑婆訶**

즉설주왈, **아제아제 바라아제 바라승아제 모지사바하** (세번)

반야심경 · 현대어 역

전지자이며 인간의 길을 깊이 깨달아 각자(覺者)가 되신 분에게 경의를 바친다.

거룩한 구도자(求道者) 관음(觀音)은, 심원한 지혜의 완성을 실천하고 있을 때에 세상에 존재하고 있는 모든 것은, 다섯 개의 요소가 있는 것으로 보았다. 그리고 그는, 이들 구성요소가 그 본성에서 볼 때 모두 실체가 없는 것임을 간파했던 것이다.

샤리푸트라여, 이 세상에 있어서는 물질적 현상에는 실체가 없는 것이며, 실체가 없기 때문에 물질적 현상이며, 물질적 현상일 수 있는 것이다.

실체가 없다고 하지만 그것은 물질적 현상을 떠나서 있는 것은 아니다. 또 물질적 현상은 실체가 없다고 하는 것을 떠나서 물질적 현상인 것은 아니다.

(이와 같이 해서) - 무릇 물질적 현상이라고 하는 것은, 모두 실체가 없는 것이다. 대저 실체가 없다는 것은 물질적 현상인 것이다. 이와 마찬가지로 감각도 표상(表象)도 의지(意志)도 지식도 모두 실체가 없는 것이다.

샤리푸트라여,

이 세상에 있어서는 모든 존재하는 것에는 실체가 없다고 하는 특성이 있다.

생겨나거나 발생했다고 하는 일도 없고, 멸해서 없어진다고 하는 것도 없으며, 더러워진 것도 아니고, 더러움을 떠난 것도 아니며, 줄어드는 것도 없고, 늘어나는 것도 없다.

그러므로 샤리푸트라여, 실체가 없다고 하는 공(空)의 입장에 있어서는 물질적 현상도 없고, 감각도 없고, 표상도 없고, 의지도 없고, 지식도 없다. 눈도 없고, 귀도 없고, 코도 없고, 혀도 없고, 신체도 없고, 마음도 없고, 모순도 없고, 소리도 없고, 향기도 없고, 맛도 없고, 손이 닿을 대상도 없고, 마음의 대상도 없다. 눈의 영역에서 의식의 영역에 이르기까지 남김없이 아무것도 없는 것이다.

(벗어나 밝아짐도 없으며) 사로잡혀 어두움도 없고, 깨닫고 벗어나, 밝아짐이 없어지는 일도 아니며 사로잡혀 어두움이 없어지는 일도 없다. 이와 같이 해서 마침내 늙음도 죽음도 없으며, 늙음과 죽음이 없어지는 일도 없다고 하기에 이르는 것이다. 괴로움도 괴로움의 원인도 괴로움을 막는 길도 없다. 아는 것도 없고, 역시 얻는 것도 없다.

그렇기 때문에 얻는다고 하는 일이 없으므로 여러 구도자의 지혜의 완성을 신뢰하여 마음을 놓고, 사람은 마음이 가리는 일이 없이 살고 있다. 마음을 가리는 것이 없으므로 두려움이 없으며, 거꾸로 진리를 보는 전도된 마음을 멀리 떠나서 영원의 평안에 들어가 있는 것이다.

과거·현재·미래의 삼세에 있는 번뇌에서 벗어나고 깨어난 사람들은 모두 지혜의 완성에 깊은 신뢰를 가지며 더없이 바른 지혜의 눈을 뜨고, 진리의 깨달음을 얻었다.

그러므로 사람은 알아야 한다. 지혜를 완성한 위대한 진리의 말, 위대한 깨우침의 참된 말, 더 위에는 없는 진리, 무엇과도 비교할 수 없는 진언은, 모두 괴로움을 가라앉히는 것이며 거짓이 없으므로 진실인 것이다.

그 진언, 진리를 알리는 부처의 말은 다음과 같이 풀이되었다.

"간 사람이여, 넘어 선 사람이여, 피안(彼岸)에 간 사람이여, 피안에 완전히 넘어 선 사람이여, 진리의 깨달음이여, 영원하라, 행복하라."

여기, 지혜의 완성의 마음을 마친다.

차 례

서장 ·
살아있는 지혜의 마음

- 마음의 고향을 찾는 진리 -

> 지혜는 노(老)·병(病)·사(死)의 바다를 건너는 굳건한 배요, 또한 무명의 어둠 속의 큰 등불이며, 모든 병든 자의 좋은 약이요, 번뇌와 나무를 치는 날랜 도끼다. 마땅히 듣고, 생각하고, 닦는 지혜로써 자기를 더욱 길러야 한다.

인생은 소인 찍힌 속달 소포

"바쁘다", 이 말은 날마다 쓰이는 일상적인 인사말이 되어 버릴 만큼 우리들은 날마다 무엇인가에 쫓기고 있습니다. 교통수단이 편리하게 되면 될수록 개인의 주변은 더욱 더 바쁘게 되는 것이 사실입니다.

실로 어처구니없는 부조리이며 아이러니가 아닐 수 없지만 또한 숨길 수 없는 현실입니다.

이렇게 분주한 몸과 마음의 소용돌이 속에서 시달림을 받고 있는 현대인 가운데 한 시인이 어느 시골의 역을 통과하는 특급 열차에 앉아서 차창 밖을 바라보며 지은, 다음과 같은 〈바쁘다〉라는 시를 읽어 보는 가운데 우리는 무엇인가를 공감할 수 있을 것입니다.

이렇게 급하게 서둘러도 되는 것일까
모내기 하는 사람들 위를
시속 200km로 통과하노라면
나는 그들의 손을 볼 수 없다
그들의 수고에 마음 쓸 겨를이 없다

(그래서 손에도 마음에도 형용사가 없다)

속도는 너무 빨라서 넋이 나간다

괴로움도 노여움도 불공평도 절망도 모두 바삐 흩어지며

사라지는 풍경들

이렇게 급하게 달려도 되는 것일까

나의 몸은 속달 속포

나의 마음은 소인(消印) 찍힌 우표

그래도 시간이 못 미치고 늦는다

달려도 서둘러도 쫓기고 늦는다

이 시는 현대인의 생활의 조망(眺望)이라고 볼 수 있습니다. 차창에서 보는 풍경이, 시속 200km로 달려 깜박할 사이에 흘러 사라져 버리는 것처럼 우리는 이제 자신의 주위에 있는 사람들의 슬픔과 기쁨·불행이나 고통 같은 것을 생각해 줄 수 있는 겨를이 없습니다. 현대인의 특징으로서 〈무관심〉을 들게 되는 연유인 것입니다.

"이 속도는 너무 빨라서 넋이 나간 것이다."

가장 소중한 무엇이 빠져 달아나고 없기 때문에 바보처럼 너무 지나치게 빠른 상태가 되는 것입니다. 왜 이처럼 '빠른 것은 좋은 일'로 환영하며 왜 급하게 서두르기를 좋아하는 것일까.

달리는 차와 차의 사이를 두지 않으면 사고를 일으키게 되는 것과 마찬가지로 사람과 사람의 사이도 알맞은 사이가 지켜지지 못할 때 친근하게 지낼 수 없게 되고 자칫하면 문제나 다툼이 일어나게 되며, 한 사람 한 사람으로서는 초조하고 조급해진 나머지 신경질적으로 될 수밖에 없습니다.

"나의 몸은 속달 속포, 나의 마음은 소인 찍힌 우표"로서 신체는 극도로 피곤해서 손발을 움직일 기력조차 없을 만큼 탈진해 버립니다.

더구나 오늘이라는, 다시는 돌아오지 않는 날짜의 소인 스탬프가 나의 마음에 찍혀서, 일생을 바쁘고 조급하게 쫓기는 가운데 끝마쳐 버린다고 하는 것은 너무 애석한 일이 아닐 수 없습니다.

성급함이 빚은 인생의 원죄

지금으로부터 600년 전에, 독일에 틸 오이렌 슈피겔이라는 기인(奇人)이 있었습니다.

어느 날 아침, 빠른 속도로 마차를 몰아서 달려온 나그네가 그의 앞에서 마차를 멈추고, 다음 도시까지 가는 데 걸리는 시간을 물었습니다.

그는 "천천히 가면 4~5시간, 급하게 달리면 하루"라는 기묘한 대답을 해 주었습니다.

나그네는 발끈 화를 내고는 그곳에 올 때까지보다 더 빠른 속도로 마차를 몰아댔습니다. 그런데 그만 도중에서 수레바퀴의 굴대가 부러져 버리고 말았습니다.

빨리 가고 싶은 욕심이 지나쳐서 마차의 굴대가 부러질 만큼 무리를 했던 것입니다.

나그네는 부러진 굴대를 수리해서 바꿔 끼우는 데 시간이 걸려 한밤중이 다 될 무렵에야 겨우 목적지에 도착했습니다. 슈피겔이 말한 대로 꼬박 하루가 걸려 버린 셈입니다.

'바쁘다'고 하는 한자의 '바쁠 망(忙)' 자를 풀어 보면, '심방변(忄)'에 '없을 망(亡)' 자를 쓴 것임을 알 수 있습니다.

이것은 '마음[心]'이 없어진[亡] 현상을 나타내는 글자라고 합니다. 너무 지나치게 바빠서 다망한 나머지 양심이 없어지는 양심부재, 인간의 자취를 감추고 사라져 버린 인간의 부재가 되고, 마침내 중심을 잃어서 진짜 인간으로서의 정신을 지탱했던 중심축이 날아가 버린 것입니다.

인간은 바람에 흔들리는 갈대이지만, 생각하는 갈대라고도 하며 생각하는 동물이라고 파스칼이 말했습니다.

이 특권을 행사할 사이 - 겨를 - 틈 - 을 상실한 것은 결국 다망이 빚어낸 인생의 원죄인지도 모릅니다.

이제 우리는 이 소중한 마음을 되찾고 인간을 회복하는 인간복권의 대열에 나서야겠습니다.

잃어버린 마음이란 무엇인가, 하는 것을 생각하고 배울 필요가
있습니다.

이 마음을 가슴 깊이 스미도록 사색하는 가르침을 주는 문자
그대로의 〈심경〉 - 즉 마음의 경이 있습니다.

소중한 자기 자신

사람은 세상 일이 바빠지면 누구나 '잊어버린다'는 현상이 생깁
니다. 흔히 소지품을 잊고 아무 곳에나 떨어뜨리고 다녀서 사람들
의 웃음거리가 되곤 합니다.

이 바쁠 망(忙) 자를 위로 세워서 보면 잊을 망(忘) 자가 되는
것으로 매우 기발한 착상인 듯합니다.

일찍이 공자(孔子)가 여러 나라를 순력(巡歷)하고 귀국했을 때,
태수(太守)인 애공(哀公)에게 귀국인사를 하며 여행에서 있었던
이야기를 보고했습니다. 그러자 애공도 공자에게 여행의 피로를
풀도록 위로해 주고 싶은 마음에서 이렇게 말했습니다.

"선생님께서 이곳을 비우고 여행 중에 이웃나라로 이전해 간
부하가 있었습니다. 그 자는 대단한 건망증이 있었습니다. 가장
사랑하는 그의 부인을 깜박 잊고 집에 둔 채, 한참 가던 도중에
생각이 떠올라 되돌아오질 않았겠습니까?"

하자 공자는 조금도 웃는 빛이 없이 자세를 고쳐 정색을 하고 차분히 가라앉은 어조로 대답했습니다.

"자기 아내를 집에 둔 채 잊고 나갔을지라도 그것은 반드시 생각이 나서 데리러 올 것이니 걱정할 건 못되는 것입니다. 그러나 가장 소중한 자신을 어딘가에 버려 둔 채, 까맣게 잊고 방치해 두고 있는 것이 바로 우리가 살고 있는 이 시대의 모습이 아니겠습니까?"

이렇게 말하여 우리에게 교훈을 주고 있습니다.

공자가 별세한 지 2,500여 년의 세월이 지났습니다. 그러나 우리가 사는 현대도 역시 공자가 지적한 그대로인 것 같습니다.

소중한 자신을 잊어버리고 있는 것 - 이것은 곧 자기가 자기를 포기하는 '자포자기'인 것입니다. 바쁘다고 해서 차분하게 마음을 가다듬을 새도 없이 바쁜 채 방치해 버리거나, 끝내 사색할 틈을 갖지 못한다면 마침내 인간이 자기도 의식하지 못하는 사이에 인간이 아닌 것으로 되어버립니다.

자기 자신이 자신이 아닌 것으로 되어 버린다면, 인간으로 태어난 값진 의미도, 보람도 없어지는 것이 아니겠습니까?

마음의 눈을 뜨게 하는 반야심경

인간이 참다운 인간이 되고, 자신이 참다운 자기가 되는 곳에 알찬 인생의 충실이 있습니다. 우리가 스스로 자기를 넓혀서 확충하지 못한다면 우리의 일생은 공중분해되고 말 것입니다. 자신을 바라보는 '나'란 무엇인가?

자기를 응시하는 조용한 반성의 눈을 뜨게 되는 것이, 이제 가장 소중한 문제가 아닐 수 없습니다.

동양의 석학 두 사람이 '인간의 진보에 대해서' 서로 이야기를 나눈 일이 있었습니다.

두 석학 중에 한 사람이 말했습니다.

"까렐이 쓴 〈롬므·세땅꼬니으〉(인간 - 이 미지(未知)의 것)을 읽고 재미있다고 느껴진 것은 과학이라는 것이 인간에 관한 연구를 해 온 일이 없다, 물질만 연구해서 이만큼의 성과를 거둔 인간을 과학이 느끼기 시작한 것은 극히 최근의 일이라고 하는 설을 강조하고 있기 때문이다."

또 다른 석학이 말을 받았습니다.

"바로 그것입니다. 우리나라에서도 인간에게 가장 가깝고 소중한 영역이 소홀하게 다루어지고 방치된 상태에 있다는 것을 알 수 있습니다. 이 소중한 인간의 문제, 자기성찰의 사색이 멸종의 위기에 놓여 있음을 아는 사람은 극히 소수의 전문가들뿐입니다.

보통 사람들은 날이 갈수록 그런 정신의 영역과 마음의 세계를 가볍게 보는 경향이 더해만 가고 있습니다. 가슴 아픈 일이 아닐 수 없습니다."

우리는 이 점에 주목하지 않을 수 없습니다.

우리는 자신을 중심으로 해서 자신의 외부에 있는 것 - 객관적으로 존재하는 것에 대해서 아는 것을 지식(knowledge)이라 하고 자기 자신, 혹은 자기 안에 내재하는 것, 즉 주관적 사실을 배우는 것을 지혜(wisdom) - 남방불교의 성전(聖典) 용어로 '판냐'라고 하며, 이것을 한자로 음역해서 반야(般若)라고 합니다.

이 지혜를 중심으로 인간의 정신과 자신의 마음을 바르게 인식하는 길, 방법을 풀어 나가는 것이 바로 반야심경입니다.

'참된 지혜, 반야의 마음을 배우는' 경전이라고 하는 정도의 뜻입니다.

앞에서도 현대인은 바쁘게 쫓기는 생활의 되풀이 속에서, 가장 소중한 자기 자신을 잊어버리고 있다는 사실을 지적한 바 있습니다. 이 건망증이야말로 현대의 고뇌를 수레에 가득 싣고, 죽는 날까지 못 벗어나게 하는 인간의 멍에인 것입니다. 이 멍에에서 벗어나는 마음의 눈을 뜨도록 일깨워 주는 것이 바로 반야심경입니다.

우리의 마음, 이 마음처럼 알 것 같으면서도 모르고 손에 잡힐 듯하면서도 잡히지 않는 것은 드물 것입니다.

마음이 존재한다고 하지만, 마음이 있는 소재지는 분명치 않습니다.

이와 같은 의미에서 볼 때 반야심경 가운데 '비어 있다'는 뜻을 표현하는 '빌 공(空)'자가 자주 등장하는 것은, 우리의 학문적인 흥미를 깊이 자극하는 것이 아닐 수 없습니다.

네 자신의 말로 집을 지어라

'空(공)'이란 글자를 보면, 공중·공허·공백·공간과 같은 몇 가지 의미로 쓰이는 글자임을 알 수 있습니다.

사전에는 ① 속이 빈 것 ② 공간·하늘 ③ 근거가 없는 일 ④ 헛일 등으로 풀이되어 있습니다.

잡을 곳이 없는 마음이기 때문에 근거가 없는 것입니다. 어떤 계기에서 붙잡은 것으로 생각하고 있었지만, 사실은 실체가 없어서 아무것도 얻지 못하는 것, 그러나 결코 없다고 할 수는 없는 것, 있는 것 같으면서도 없고, 없는 것 같으면서도 있는 것이 마음의 본질일지도 모르겠습니다.

수년 전 일본의 어느 국제공항에서 불행한 사고로 죽음을 당한, 한 학생의 일기에 다음과 같은 구절이 있었습니다.

'지금까지 나는 도대체 무엇을 하고 살아왔는가? 현재에 대해서도 책임을 지지 못하고, 미래에 대한 책임도 없이 오직 회의와 무관심 사이를 떠돌아다니면서 타인의 말에 의해서 자기를 변호한다. 나는 누구이며, 무엇을 하는 사람인가, 스스로에게 묻지 않을 수 없다.'

이 학생의 뜻하지 않는 죽음을 안타깝게 여긴 보도진에 의해 그 일기의 일부가 보도되었던 것입니다. 이것이 현대인이 갖는 고민의 한 가지 특징입니다.

뜻밖의 불행한 사고로 숨진 그 학생은 '타인의 말에 의해서 자기를 변호한다'고 하지만, 그것은 슈프레히코르(Sprechchor), 즉 무대 위에서 소리를 맞추어 일제히 외치는 구호일 수도 있습니다.

나 자신의 경우도 누군가의 말을 인용하고 있을 때가 많습니다. 그렇기 때문에 말하는 사람이 가슴 속을 지나가는 공허감을 느끼게 되는 것이 아니겠습니까?

어느 저명한 작가는 〈세 사람의 스승〉이란 제목으로 수필을 썼습니다. 세 사람의 스승 가운데 한 사람은, 바로 이 작가에 대해 "너는 내 자식이 아니다"라고 하여 부자간의 의리를 끊었던 부친이었다고 합니다.

그 부친은 완고한 고집불통의 목수였습니다. 목수일에 관한 한 남달리 뛰어난 기술과 신기에 가까운 정확성을 최고의 만족으로 삼는 이 목수가 가장 싫어하는 것은 노력하지 않고 공짜로 먹으려는 태도였습니다. "부끄럽다는 생각도 없이 먹줄로 인쇄된

나무를 사다가 쓰고 있는 목수는 진짜 목수라고 할 수 없는 위인"이
라고 혹평하고 경멸했습니다.

그러나 이 작가는 부친의 이 말을 높이 평가했습니다.

"아버지가 그토록 엄격하게 일러주신 말씀을 나는 죽는 날까지
잊을 수 없는 고마운 교훈으로 삼고 있다. 목수일은 소설을 만드는
일과 조금도 다를 바 없다. 건축의 재료는 소설에 있어서의 언어,
즉 '말'인 것이다. 먹줄이 인쇄된 나무는, 자신의 피나는 노력으로
이루어진 것이 아닌 남이 지어준 말인 만큼 너 자신의 '말'을
가지고 네 자신의 집을 지어 보라 - 일생을 두고 아버지는 나에게
거의 강압적으로 이 같이 말씀해 주셨습니다."

보이는 것은 모두 무너지는가

스스로 깨닫고 자각을 가진, 자신의 말로 이야기하고 쓰지 않는
한, 아무리 멋진 이야기를 했다 하더라도 채울 수 없는 공허감이
따라다닙니다.

그것은 단순히 말하라는, 이야기해 달라는 부탁에 의해서, 마치
이야기가 쏟아져 나오는 기계처럼 이야기가 쏟아져 나오는 것이
며, 글을 써 달라는 부탁에 의해서 그 글이 써지고 있는 것에
지나지 않습니다.

자각된 자신의 의지로 인생을 걸어가는 것이 얼마나 어려운가, 또 얼마나 소중한 것인가를 깊이 사색하는 가운데 고민하고 괴로워해 본 일이 없는 사람들이 행동하기 때문에 모두가 공허하게 되는 것입니다.

더구나 이 공허함을 바르게 메우고 채우려 하지도 않고 순간 찰나적인 충동에 떠밀려, 목적 없이 행동하기 때문에 자기 자신으로서도 수습할 수 없게 됩니다.

한 마디의 말을 하더라도, 자기 자신의 말을 바르게 쓸 수 있게 하기 위해서는 먼저 자신을 깊이 알아야 합니다.

그러기 위해서는 먼저 모든 것이 다 무너지는 것이며 헛되다는 것을 알고 힘없어지는 적막한 외로움에 젖어야 합니다.

다음 이것을 탄식하며 조용히 한숨짓는 심경에서 출발, 이 허망함과 헛되다는 것이 분명해진 깨달음을 철저히 자기 것으로 만들어야 합니다. 이것만이 제 마음, 제 정신으로 살아가는 오직 하나의 바른 길인 것입니다. 이와 같은 깨달음의 경지를 반야심경은 〈색즉시공(色卽是空)〉이라는 네 글자의 글로 설파해 주고 있습니다.

여기서 말하는 색은 에로틱한 것이 아닙니다. 불교에서는 물질적 현상으로 존재하는 것을 가리키는 말입니다. 눈에 보이고 행태나 모습이 있는 것을 말하는 것입니다. 그러나 우리의 눈에 보이고 모습이 있는 것은 반드시 무너지고 흩어지고 없어집니다.

영원성을 지니지 못한 일시적 존재가 바로 색입니다. 우리가 눈으로 볼 수 있고 감각할 수 있는 모습을 지닌 모든 것은 잠시도 한 곳에 멈추는 일이 없습니다. 반드시 옮겨 가고 바뀌어지는 변화를 거듭하며 시간의 흐름 속에 그 모습은 무너지고 흩어지고 없어지는 존재라고 하는 것이 색즉시공입니다.

눈에 보이는 것은 영원히 있는 것이 아니며, 불변의 모습이 아님을 알고 그것을 부정하게 될 때의 쓸쓸하고 적막한 공허감으로 가득한 정감 - 이것이 공(空)의 첫 번째 뜻입니다.

그러나 이와 같이 쓸쓸한 마음으로 모든 것이 헛됨을 느끼는 곳에 인간의 진보가 연륜처럼 도사리고 있는 것을 깨닫게 됩니다.

일찍이 이름을 널리 떨쳤던 유명한 발레리나가 예술에 몸 바쳤던 그의 일생을 마감하는 순간, 모든 예술인들에게 형언할 수 없는 감동을 안겨 준 명언이 있습니다.

"아직도 멀었다. 추고 또 추며 저승까지…."

그토록 이름을 떨쳤던 발레리나가 남기는 이 말에는 그가 당대에 이름을 떨쳤던 만큼 스스로의 예술에 '쓸쓸한 아픔'을 느끼고, 조금이라도 더 높은 경지, 그리고 보다 깊은 곳을 찾아서, 한 곳에서 이룬 경지에 머무르려 하지 않고 끝없는 전진 속에 추고 또 추는 예술의 화신이 되었던 것입니다.

공즉시색(空卽是色)의 의미

앞에서 말한 색즉시공은 모습이 있는 것을, 허무 한 것, 즉 부정하는 것입니다. 그러나 그것만으로 끝나 버린다면 그것은 어디까지나 '허무사상'에 지나지 않습니다. 이 허무관마저도 다시 부정해서 넘어선 것이 바로 공즉시색입니다.

앞에서 모습이 있는 것에서 느낄 수 있었던 허무함을 그것마저도 다시 허무한 것으로 하는 것입니다. 보다 높은 경지의 긍정을 위한 일차적 부정의 또 부정인 것입니다.

부정의 부정은 긍정입니다. 즉 다시 제자리에 되돌아온 듯 보일지도 모르지만, 두 개의 부정 이전의 색과 두 개의 부정 이후의 색은, 겉으로는 같아 보이지만 실제로 느끼기에는 큰 차이가 있다는 것을 부인할 수 없습니다.

"이 두 개의 부정을 넘어서서 인생을 바라보아야 한다. 그곳에는 틀림없이 새로운 천지의 풍광이 펼쳐질 것이다."

이렇게 가르쳐 주는 것이 공의 두 번째 뜻입니다.

현대인들도 때로 허망한 허무감을 느낄 때가 있습니다.

그 허무감에서 무엇인가를 배우려 하지 않고, 그 좌절감 같은 것을 남의 눈에 띄지 않게 하려고만 신경을 곤두세우고 있는 듯합니다. 그러니까 그대로 무기력하게 돼서 못 일어나기도 하고, '레저'에로 도피하기도 합니다. 귀가 먹먹할 지경의 소음을 일으키면서 그 속으로 뛰어드는 것입니다.

자살을 하게 되고 아무 의미도 찾아볼 수 없는 갖가지 폭행을 하게 되는 것도, 이 허무감을 그대로 조용히 받아들이고 감당할 수 없게 된 사람들이 아무 곳에서나 그것을 부딪쳐 폭발하고 다니는 충동적인 것이라고 볼 수밖에 없을 것입니다.

이러한 행위는 허무감을 못 견디는 데서 오는 초조로움에 기인하는 것이라고 보아야 할 것입니다. 이것을 그들은 어렴풋이 느끼고 있습니다. 그러면서도 허무에서 오는 가슴의 아픔을 깊이 안아서 받아들이는 아픔의 자각이 없기 때문에 허무함에 잠겨 있지 못합니다.

허무함이 온 몸에 스미도록 잠겨 있지 못하기 때문에 마음의 구원이 없고, 구원을 받지 못하기 때문에 평안함이 없습니다.

마음의 평안이 없기 때문에 불안하고, 불안하기 때문에 초조해지는 악순환을 끝없이 되풀이 할 수밖에 없게 되는 것입니다.

우리는 여기서 참된 허무가 무엇임을 알고, 스스로의 인생을 깊이 허무 속에 잠그고 그윽한 허무가 몸에 배어, 그 허무함에서 진실을 느끼며 살아가는 '길'을 찾아야 하겠습니다.

현대사회가 모든 사람들을 초조의 도가니로 몰아넣고 있다는 사실은, 그만큼 올바른 인간이 되기를 갈망하는 인간성과 정서의 지도가 그 어느 때보다도 절실하게 요구되는 시대라는 것을 실감하게 합니다. 인생의 허무함에서 진실을 느끼며 살아가는 길을 찾아가야 합니다.

인간에게는 누구에게나 괴로운 추억이 있습니다. 가령 우리에게 정신적 깨우침과 사명감을 심어 주었던 스승이 어느 해 1월 1일 아침 갑자기 세상을 떠났다고 한다면, 그 때문에 해마다 돌아오는 새해 첫날이 그때마다 인생의 덧없음을 다시 되새기며 스승의 명복을 빌어야 하는 기일이 되는 까닭에 결코 경사스럽거나 즐거운 날일 수 없게 될 것입니다.

옛날의 수도자 한 사람은 화장한 유해를 받들고, "정월 초하루, 저승 길 나그네의 십리길, 무덤, 경사스럽기도 하고, 경사스럽지도 않을 수도 있고…" 이런 말을 남긴 일이 있었습니다.

그러나 이 경우 '경사스럽기도 하고'란 조금도 있을 수 없습니다.

경사스럽지 못한 허무감만이 가슴을 메우고 있는 것입니다.

죽은 사람들이

돌아오지 않는 이상

살아 있는 사람들이

무엇을 알아야 하나

(- 쟝 따르즈의 시에서)

그 사람의 죽음에 의해서, 그 사람이 살아 있었더라면 알 수도, 느낄 수도 없었을 인생의 진실한 의미를 알 수 있게 된다고 하는 것이, 진정 죽은 사람을 사랑하고 깊이 이해하면서 대면할 수 있는 깨우침이, 이 짧은 시 속에 들어 있다고 생각지 않으십니까?

허무와 환희와 고뇌와 공감

죽은 사람이 살아 있는 사람에게 무엇인가 가르쳐 줄 수는 없는 일입니다. 그렇다면 그 사람의 죽음을 통해 누가 가르쳐 주었는가, 누가 알게 해 주었는가, 이 누구를 추구해서 찾아내는 것이 무엇보다 중요한 일입니다. 추구해 보면 결과적으로 자기를 파헤치고 자기 안에 있는 스스로의 깨우침을 터득해 알 수 있게 됩니다.

이것은 바로 자기 안에 깊이 묻혀서 잠겨 있던 진실한 자기 자신을 찾아서 만나게 되는 일임을 깨닫게 해주는 것입니다.

이 가르침은 현실의 헛되고, 허무함과, 공허함을 철저하게 실감하는 것, 즉 '색즉시공' - 이것이 확실해지면 현실에 사는 가치와 뜻을 충분히 자각할 수 있고, 즉 '공즉시색'을 깨닫게 해 주는 것입니다.

모든 것이 허무한 것이고 속이 비어 있다는 사실은, 반드시 죽음이나 이별과 같은 절망적인 장면에서만 느끼는 것은 아닙니다.

현대처럼 경제적으로 고도의 성장을 이루고 그 안에서 충족한 생활을 누릴 수 있는 사람들이라 하더라도 그런 생활을 계속하고 있다 보면 넘치고 남아돌아간다는 사실에서 염증과 불만을 느끼게 됩니다.

욕구불만, 즉 좌절감은 빈곤한 생활환경에서만 일어나는 현상이 아니라는 사실입니다. 인간의 욕구는 얼마만큼 충족이 돼도, 영원히 해소되지 않는 불만을 지니고 있는 것입니다.

심리학자들은 그것이 욕구와 욕망의 성격임을 지적해 주고 있습니다.

생활이 풍족해짐에 따라 행복이 가득하게 되면 될수록 생활이 어렵던 시절과는 또 다른 형태의 부족과 불만을 호소하게 되는 것입니다.

이웃집 사람들은 자가용차를 가지고 있는데 우리 집에는 없다는 그 정도의 것으로 단순한 불만을 터뜨리기도 하며, 심하면 열등감을 갖기에 이르기도 합니다. 승용차를 사게 되면 그 다음에는 유행하는 신형차를 갖고 싶어하는 식으로, 스스로의 욕망을 자제하지 못하고 그것을 고민하는 현대인들이 우리 주위에는 너무나도 많은 것입니다.

이러한 경우 우리는 스스로 자신의 마음을 바르게 비추는, 정의롭고 슬기로운 눈으로 자신을 똑바로 지켜볼 필요를 느끼는 것입니다.

'풍요와 고뇌'와 같은 것이 자기 앞에 다가오리라고는 그 누구도 상상조차 못했을 것입니다. 실로 어처구니없는 일이지만, 여기에 현대인의 고민이 있습니다.

불교의 반야심경에서는 물심(物心)이 성할 때에 생기는 번뇌에 오온성고(五蘊盛苦)라는 표현을 쓰고 있습니다.

오온은 물질과 육체를 뜻하는 색, 감각·지각인 수(受), 개념구성(槪念構成)인 상(想), 의지(意志)·기억(記憶)인 행(行), 순수의식(純粹意識)으로서의 식(識) 등 5가지의 집합체인 온(蘊; 쌓을 온)이라는 의미로 쓰이는 말입니다.

사람의 몸과 마음을 이루는 이 5가지 요소가 성할 때에는 자연히 고통도 성하기 마련이란 뜻으로 받아들여지고 있는 듯합니다.

자아(自我)에서 풀려난 자유

현대인들은 개인의 존엄이란 말을 실로 요란스럽게 내세우고 있습니다. 그러면서도 그 개인 자신이 실제로 존엄을 가지고 있는지 여부는 반성하지 못하고 있는 듯합니다. 그리고 결코 크다고 할 수 없는, 어느 의미에서는 정녕 작은 존재일 수밖에 없는 자신을 중심으로 해서, 다른 사람과의 관계를 생각하는 발상법 때문에 자기가 생각하는 자신의 주의와 주장만이 존엄인 것으로 생각해 버리는 위험도 있습니다.

그 때문에 걸핏하면 상대방을 적대시하기가 일쑤입니다.

한 개인에 지나지 않는 자신을 중심으로 하는 에고이즘(egoism)이 되어 버립니다.

이 '에고'를 불교에서는 자아(自我)라고 이름 지어 계율의 말로 쓰고 있습니다.

그 이유는, 자아란 언제나 고립적이며 폐쇄적인 존재이기 때문이라고 합니다. 그 벽을 타파하고, 저마다 그 안에 들어있던 구멍 같은 틀에서 밖으로 뛰쳐나와 공통의 공기를 마시고, 타인의 슬픔이나 괴로움을 공감하지 않는 한 진정한 개인의 존엄은 있을 수 없는 것입니다.

이 자아를 중심으로 하는 생각이 무너져서 사라져 가도록 하는 것이 바로 그것을 허무한 것으로 인정하는 부정으로서의 공(空)입니다.

아파트가 늘어남에 따라 집안에서 쓰는 기구도 아파트에 맞는 사이즈가 나오기도 합니다. 이에 따라 현대인들의 생각하는 사고 형식에도 규격형이 나오고 있는 듯합니다.

우리 인간은 이 기회에 '모두 저마다의 방에서 넓은 마음의 광장으로 나가 볼 필요가 있다'고 제창해 보고 싶습니다.

이런 의미에서 존엄은 결코 진실한 인간성의 존엄과는 통할 수 없는 것이기 때문에 불교의 반야심경에서는 '무가애(無罣礙)'라

하여, 그 때문에 인간이 번뇌를 하게 되는 권리와 명예와 처자와 물질 등 자신을 얽매는 모든 것을 마음속에 없게 하라고 합니다.

사회와 경제의 발전은 인간의 원점인 욕망을 지성과 이성에 의해서 승화시킨 결과라고 말하고 있습니다. 놀랄 만한 경제발전을 이룩한 현대에 있어서도 실제로는 그것으로 만족하지 못하고 있는 것이 사실입니다.

이 세상에서 아무리 대단한 명예와 지위를 갖고 풍요로운 생활을 누릴 수 있게 되어도 그것만으로는 만족할 수 없으며, 더욱 더 깊은 마음의 심층에서의 충족을 희구하는 것이 바로 인간의 인간됨을 말해 주는 '그것이 바로 인간인' 증거입니다.

그 무엇으로도 채워질 수 없는 희구가 그 안에 없다면 인간이라고 말할 수가 없을 것입니다. 그 깊은 환락의 늪에 젖을 대로 젖고 나면, 마음속에 서글픈 죄책감이 못 견디게 피어오르는 것은 그가 인간인 증거로서의 마음을 지녔기 때문입니다.

관능적인 즐거움은 자아를 만족시키지만 자아의 저 밑바닥에 있는 진실한 자기 자신은 허무함과 쓸쓸한 적막감을 느낄 뿐입니다. 사실 시간과 금전만 있으면 누구든지 자아적인 관능의 문제를 해결할 수 있을 것입니다. 즐거움을 느낄 수 있게 되는 것입니다. 그러나 자신의 마음속 저 밑바닥에 있는 참된 인간성이 외치는 자신의 목소리를 들어 볼 필요가 있을 것 같습니다. 그것만으로는 결코 진실한 기쁨을 느낄 수 없다고 외치는 소리가 자신의 귓전에 들려올 것입니다.

자아는 감정의 흐름에 따라서 쉴 새 없이 움직이고 변합니다. 우리는 이 자아를 자기 자신의 참 모습인 것으로 알고 있는 경우가 너무나도 많습니다. 그러나 사실상 자아는 단순한 에고이즘에 지나지 않습니다.

이 자아의 저 밑바닥에 있는 것이, 인간을 진실한 인간이게 하는 '자기 자신'입니다. 자기 자신은 자아와는 달라서 언제까지나 변하는 일이 없습니다.

자아에는 개인차가 있지만, 자기 자신에는 개인차가 없으며, 누구에게 있어서나 한결같이 모든 사람의 마음속 깊이 자리하고 있는 것이라고 합니다. 우리가 나 자신이라고 생각하고 있는 마음속에는 이 자아와 자기 자신이 공존하고 있는 것을 알 수 있습니다.

이 자기 자신을 깨닫는 것이 불교에서 말하는 '자각'입니다. 이 자각을 갖게 되면 우리들에게는 참된 자유가 몸에 붙는다고 합니다.

세상에서 흔히 말하는 자유는 자아가 하고자 하는 대로 움직이는 것처럼 여겨지고 있는 것입니다. 그러나 실상 참된 자유는 이 자아로부터의 해방, 즉 자아로부터의 자유인 것입니다. 자아의 집착에서 풀려난 사람이야말로 참된 자유인입니다. 자아의 욕망에서 해방되어 자유롭고 사람답게 살아갈 수 있는 길을 찾고 싶어서 현대인은 자기도 모르는 사이에 초조해지고 있습니다.

교양과 정신문화에 관한 책이 인기가 있고, 종교적인 집회, 즉 종교행사와 강연회 등 모임에 젊은 층의 청중이 많다는 사실이 그것을 반영하고 있습니다.

한문으로 된 반야심경의 첫 머리에, '관자재보살(観自在菩薩)' 의 이름이 보입니다. 관음(観音)을 가리키는 말이지만 우상(偶像) 은 아닙니다. 자재(自在; 자유)를 보는 위대한 인간성의 상징인 것입니다.

참된 자유를 얻어서 사람답게 살아가는 길을 찾고 바라는 우리 자신들의 상징이라는 것입니다. 진실한 자유와 자재를 나타내는 관음이야말로 현대인이 요청하는 깊고 너그럽게 사랑하는 마음을 갖는 인간상, 바로 그것입니다.

풍요는 공허를 안다

사람이 살아가는 데 필요한 물건이 부족할 때 욕구불만을 호소하는 것은 당연한 일입니다. 우리나라도 이제는 개발도상국에서 중진국으로 들어가고 있는 상황입니다. 이에 따라 먹고 입는 의식이 족해야 예절을 안다는 말은 무의미하게 되고 말았습니다. 그 단계를 지나서 먹고 입는 것이 족하게 되면 공허를 알 수 있게 된다고 말할 수 있게 된 것입니다. 옛날처럼 쪼들리는 일이 없는,

얼마간 넉넉한 생활이 지속되면 될수록 소박하고 순진한 마음속의 진실이 그리워지는 것이 아닙니까?

어느 유치원 원장이 원아들에게 엄마의 모습을 그리게 했습니다. 그런데 어떤 어린이가 그려낸 작품은 두 손과 두 다리가 없는 그림이었습니다.

그 원장은 깜짝 놀랐습니다. 그 어린이의 어머니는 그런 사람이 아니었기 때문입니다.

그 어린이의 설명을 듣고 원장은 다시 한 번 동심의 세계를 새롭게 인식하는 계기를 얻었다고 합니다. 그 어린이의 집은 상당한 재산을 가진 집이었습니다.

가정의 체제가 전부 기계화되어 있기 때문에 그 아이의 엄마는 별로 손발이나 몸을 움직이지 않도록 되어 있다는 것이었습니다.

그 그림은 바로 손과 발을 움직이지 않아도 되는 엄마를 상징한 어린이의 반체제론이었던 것입니다.

엄마는 가정을 편리하게 움직일 수 있도록 전기화 하면 어린이들이 행복할 것으로 생각했지만, 어린이로서는 오히려 그것이 불만이라는 것을 몰랐던 것 같습니다. 아이들은 역시 엄마가 손과 발을 움직여서 주위를 돌보고 보살펴주는 것이 필요했던 것입니다.

이 엄마는, 인간은 그저 배가 부르면 되고, 춥지 않으면 되고, 관능적인 문제가 해결되면 된다는 식으로 된 '자아'의 만족만으로는 살아갈 수 없는 존재라고 하는 것을 잊고 있었던 것입니다. 인간은 몹시 가난해서 살아가기 힘든 때에는 어디론가 안 보이는 곳으로 피하고 싶어지기도 합니다.

그러나 생활이 풍족해져서 무엇 하나 아쉬운 것이 없고, 힘들 것이 없게 되면 생활 구조 자체가 싫증이 나서 어디론가 훌쩍 떠나버리고 싶어집니다.

현대는 이 두 가지의 증발희망자를 만들어 내고 있는 것입니다. 전자는 정치와 경제의 책임이라고 생각할 수 있을지 모르지만 후자의 경우, 자기 주위가 힘들여 일할 것이 없는, 풍족한 세계로부터의 탈출은 자아의 현실적 만족만으로는 채워지지 않는, 보다 고차원적인 것을 열망하기 때문에 정치와 경제와는 별개의 문제가 아닐 수 없습니다.

인간이 인간인 까닭에 받아야만 하는 이 공허감의 아픔을 벗어나기 위해서는 석가는 아름다운 아내와 왕의 자리를 버렸던 것입니다. 반야심경의 원점이 바로 이곳에 있는 것입니다.

자립할 수 있게 된 경제성장의 밑바닥 깊숙이 소리 없이 뚫고 나가려는 만족에 대한 공허감과 어딘가 통하는 점이 있을 것입니다.

증발하더라도 돌아오지 못하면

지금의 네팔왕국 다라이 지방에 해당되는 히말라야 산 기슭에 카필라바스투(Kapilavastu)라는 작은 나라가 있었습니다. 석가는 카필라바스투의 영주인 집정관 즉 최고 통치자의 아들로 태어났습니다.

어렸을 때 이름은 싯달타라고 불렸습니다. 한 마디로 이 석가도 역시 자기의 생활환경에서 증발해 버릴 것을 계획했고 그것이 성공한 것이라고 말할 수 있습니다.

석가는 태어난 지 얼마 안 되어서 어머니를 여의고 말았기 때문에, 어린 싯달타는 자애로운 어머니의 모습도, 따뜻한 젖도 모르고 자랐습니다.

일찍이 어린 나이에 맛보아야만 했던 덧없는 인생, 즉 무상의 실감은 성장하고 장성함에 따라서 더욱더 심각의 도를 높여 갔던 것입니다. 그러나 그것만으로 집을 버리고 뛰쳐나간 것이 출가한 원인의 전부라고 생각할 수는 없습니다.

그는 스포츠에도 매우 뛰어난 실력과 솜씨가 있었습니다. 그래서 태자비 야쇼다라(Yasodahrā)를 아내로 맞아들일 때에도 그 라이벌을 훌륭한 솜씨로 이겨냈고, 당시의 학문도 깊이 파헤쳐서 이미 상당한 경지에 이르러 있었던 우수한 청년이었습니다.

아름다운 태자비와의 사이에는 라후라라는 귀엽고 사랑스러운 왕자까지 태어나서, 그야말로 즐거운 생활이었던 것입니다. 아무리 작은 나라라고 하더라도 최고 통치자의 맏아들이었던 만큼 그 나라의 서민들보다는 훨씬 수준이 높은 고도의 생활을 즐길 수 있었을 것입니다.

여기서 우리는 우리 인간이 지니고 있는 가장 소중한 문제를 찾아 볼 수 있습니다.

인간의 모든 본능이 하고 싶은 대로 충족되면 처음은 그 충족에서 즐거움을 느낄 수 있습니다. 그러나 그 충족이 육신에 한정되고 물질적인 것일 경우, 욕망이 채워지면 채워질수록 허전하고 허망한 것을 깨닫게 됩니다. 또한 쓸데없는 짓을 한 것같이 부질없어지는 무의미한 것에서, 인생 전반에 걸친 커다란 회의를 갖게 되는 것입니다.

이 텅 빈 마음속 깊은 곳의 허전함을 메워 주고 채워 줄 수 있는 진실한 것이 틀림없이 어딘가에 있을 것입니다.

순간적인 만족 이외에 참다운 기쁨, 영원한 기쁨이 분명히 어딘가에 있다 - 이것을 절감하게 되었던 것입니다.

이처럼 현대인은 갖고 싶은 것을 그들의 욕망대로 가져 볼 수는 있었으나, 뚜렷한 의식을 갖지 못한 채 동시에 무어라고 형언할 수 없는 숨 막힘을 느끼고, 그런 상황에서 빠져나가 증발해 버리고, 별천지의 인생을 찾아가지 않고서는 배겨낼 수 없는 인간 혁명의 기운이 움직이기 시작하고 있는 것입니다.

싯달타는 그래서 증발했지만 그대로 하늘나라로 승천하지는 않았습니다. 수증기가 되어 다시 지상에 내려왔습니다. 인간도, 초목도, 날고 기는 조수와 같은 짐승까지도 모두 살려 주는 깨끗하고 맑은 생명의 물이 되어 그들 속에 흘러 들어오고 촉촉이 축여 줄 수 있었던 것입니다.

우리도 무엇인가의 의미에서 현대를 증발해서 떠나고 싶다면, 일방통행의 외길로 가지 말고 반드시 되돌아 와야 합니다.

다시 돌아오는 곳에 인생의 소중한 의미가 있기 때문입니다.

현대는 자기 · 자아 · 공(空) · 명(明) · 암(暗), 즉 물질과 육신의 욕망에서 완전히 해방되어 자유자재로 살아갈 수 있는 인간으로서의 자기 자신과, 그러한 욕망에 사로잡혀 헤어나지 못하는 자아, 덧없고 허무함, 밝음과 어두움이 복잡하게 엇갈리고 뒤얽혀 있습니다.

공장에서 쏟아져 나오는 온갖 나쁜 냄새, 수질오염, 여기에 각종 소음으로 빚어지는 정신적 공해까지 겹쳐서, 숨쉬고 살아가는 것마저 힘들게 된 이 시대를 살지 않을 수 없는 우리에게, 가장 먼저 필요한 것은 눈앞의 사실과 현상을 명확하게 인식하는 것입니다.

주의와 주장에 사로잡히거나 개념이나 관념에 얽매이는 일이 없이 자유롭고 바르게 그것을 볼 수 있어야 한다는 것입니다. 그러기 위해서는 자신의 눈을 뜨고 대상을 보는 것만으로는 충분하지 못합니다. 우리가 보고자 하는 대상물 쪽에서도 우리의 눈을 향해서 뛰어 들어오는 것이 있을 것입니다.

보려고 노력하지 않아도 보이게 해 주는 것을 보는 마음의 시력을 기르는 것이 중요합니다.

이와 같이 자유롭고, 그러면서도 깊은 사랑이 넘치는 눈의 기능이 인간의 몸속에 들어 있다고 석가는 깨닫게 된 것입니다.

이 기능을 누구의 눈에게도 알 수 있도록 상징적으로 나타내 보여 준 것이 관음입니다. 즉 관음은 석가가 깨닫게 된 마음의 일부를, 모습을 갖추어서 형상으로 나타낸 것입니다.

석가가 이 관음을 통해서 설법하신 것이 반야심경입니다. 석가는 자신의 마음을 상징적 실재로서 관음으로 하여금 말씀하게 했던 것입니다.

반야심경에는 이와 같이 스케일이 크고 환상적인, 동시에 현실과 밀접하게 연결되어 있는, 극적인 구성을 느끼게 하는 가르침이 그 안에 담겨 있는 것입니다. 전문 270 문자로 된 이 단편의 경전은 우리에게 많은 것을 깨닫게 해 주고 있습니다.

이 가르침이 담긴 경에 대해서 우리는 다만 글자의 뜻을 풀이하는 데 그치지 않고, 참선·수도의 길이 트이는 경지와도 통하는 공감지대를 찾아보고 싶습니다.

인간은 극한 상황에 몰리면 뭔가 급한 처지를 넘어서기 위한 새로운 길, 즉 창조적 방향을 모색하려고 합니다. 일상생활에 있어서도 길이 막히면 미처 생각하지도 못했던 새로운 국면을 찾아내는 것입니다.

물자가 부족하면 머리를 써서 그것에 대처할 수 있는 것을 만들어 냅니다. 정신적으로 몹시 고통스러운 처지에 놓이면 그 자체에서 하나의 뜻있는 의미를 발견하기도 하고, 더 나아가서 스스로 마음을 쉬게 하는 평안한 마음을 창조하기도 합니다.

이 창조성이 인간의 마음속 깊은 밑바닥에 묻혀 있다는 것을 믿고 이것에 눈을 떠서 더욱더 개발해 나가야 합니다. 이 창조성의 기능도 반야심경의 관자재보살에 상징적으로 나타나 있다고 합니다.

부처란 진실한 인간성을 의미한다

기계문명이 발전하면 할수록 인간성이나 생활도 기계화되고 획일화되어 오히려 자유와 창조의 기쁨은 감소되어가는 것을 느낄 수 있습니다.

마음속 깊은 밑바닥에 있는 무한한 창조성에 깊이 통달하게 될 때, 우리는 자신의 둘레나 자신 속에도 참된 것과 착한 것, 아름다운 것, 그리고 거룩한 것이 있음을 볼 수 있게 될 것입니다. 또 그러한 것들을 참된 의미에서 살려 주고 있는 커다란 생명을 응시할 수 있게 될 것이 틀림없습니다.

이 눈은 반야심경의 주인공인 관자재보살의 눈에 상징되어 있습니다. 이 눈은 우리의 마음속에 태어나기 전부터 묻혀 있었음을 이렇게 깨우쳐 주기도 합니다. '관자재보살이란 다른 사람이 아니며 바로 그대 자신인 것이다'라고 말입니다. 그것이 문법적으로 말하는 2인칭, 3인칭을 하나로 통합한 커다란 제1인칭의 자기를 창조하는 것입니다.

한 밤을 꼬박 뜬 눈으로 새우며
부처의 길을 찾아 헤매었으나
그것은 원래
나의 마음속 깊이 들어 있지 않았던가

이렇게 읊었던 큰 스님이 있었습니다. 그리고 본래 부처란 세상에서 흔히 말하는 것처럼 죽은 사람이나 불상이 아니며 살아 있는 사람의 진실한 인간성을 가리키는 말입니다.

따라서 자기 안에 스스로 깊숙이 헤치고 들어가서 진실한 인간성을 개발하는 것이 반야심경의 마음입니다.

여기서 우리는 이 경전과 현대인과의, 서로 대화가 통하는 넓은 접촉의 장소를 찾을 수 있습니다.

2,400여 년 전 인도 중부지방에서 태어난 옛 경전이 현대에

이르기까지 조금도 옛 것이 아닐 뿐 아니라, 오히려 더욱더 새로운 빛을 던지는 비밀이 그 안에 영원의 생명으로 숨쉬고 있었던 것입니다 《반야심경》을 〈불마(不磨)의 경전〉이라고 하는 것도 이런 뜻에서입니다.

제1장
심(心)과 마음

- 어떻게 심경을 읽을 것인가 -

사람은 원래 깨끗한데 모두 인연을 따라 죄와 복을 부르는 것이다.

어진 이를 가까이 하면 도덕과 의리가 높아가고 어리석은 이를 친구로 하면 곧 재앙과 죄가 따른다. 저 종이는 향을 가까이 해서 향기가 나고, 저 새끼줄은 생선을 꿰어 비린내가 나는 것과 같다. 사람은 다 조금씩 물들어 그것을 익히지만 스스로 그렇게 되는 줄을 모를 뿐이다.

摩訶般若波羅蜜多心經

마하반야바라밀다심경

심경의 정수(精髓)는 10문자의 경전 제목

불교 경전의 최장편 《대반야경》이며, 그 정수를 뽑은 것이 《반야심경》입니다. 이 경전은 많은 학자들에 의해서 번역되었고, 우리나라에도 몇 권의 해설판이 나와 있습니다.

고대 인도의 표준적 문장어인 산스크리스트어의 원전에 애초부터 경의 명칭이 붙어 있었던 것은 아닙니다. 원문의 말미에 〈반야바라밀다심 끝나다〉라고 되어 있는 것을 한문으로 번역한 사람이 첫머리에 〈반야바라밀다심경〉이라는 제명으로 했다 - 고 불교학자들은 말하고 있습니다.

흔히 이름은 몸을 나타낸다고 하지만, 불과 270 자의 본문은 글자 한자한자마다 부처의 생명이 약동하고 있습니다. 그리고 마하반야바라밀다심경이란 10자의 경전 제목에 그 정수가 잘 표현되어 나타나 있습니다.

옛 사람들은 이 10 자의 경문의 제목을 반야바라밀다를 배우는 것이라고 경건하게 받아들여, 반야바라밀다를 배우는 것이야말로 그것이 바로 석가의 가르침 - 즉 불교를 배우는 것으로 생각했던 것이며, 또한 그것을 정확한 해석이라고 하지 않을 수 없습니다.

원전에 없는 경전의 제목을 붙인 것은 중국의 삼대 기서(奇書)

중에 하나인 《서유기》의 삼장법사로 알려진 현장이라고 합니다.
그의 불교지식과 깊은 신앙심으로 파고들어 사색에 사색을 거듭한
끝에 짜낸 결실이라는 것을 생각할 때마다 감사하게 생각하면서,
이 경전 제목을 배우는 것이 얼마나 소중한 일인가 하는 것을
충분히 깨닫고 확인해 주기를 바랍니다.

마하(摩訶)는 초월(超越)의 뜻입니다

'마하', 만화영화를 보고 있으면 요트를 타고 달리던 탐험대의
목표인 커다란 섬이, 갑자기 없어지는 것을 보게 됩니다.
탐험대장은 망원경을 떨어뜨리면서 외칩니다.
"마하 이상!"
이 탐험대장은 알고 있는지 모르지만, 마하는 범어, 즉 산스크리
스트어의 마하(mahā)이며, 앞서 말한 〈마하반야바라밀다경〉의
마하는 음사, 즉 한문자의 소리로 외래어를 나타낸 마하(mahā)를
한문자 소리로 옮겨 쓴 것에 지나지 않습니다. 결코 이상하다든가
미스테리와 같은 경전 또는 경문이라는 뜻은 아닙니다.
마하는 커다란 모습, 뛰어난 모습, 때로는 많은 것 등 모든
것을 포괄하는 말이었으나 일반적으로 커다란 것, 커다란 모습의
의미로 쓰이고 있습니다.

그러나 이른바 라지 사이즈나 엑스라지와 같은 비교나 형용은 아닙니다. 이것은 언제 어느 곳에서나 항상 충만해서 존재하며 가득 넘쳐 있다는 의미이기 때문에 다른 것과 비교해서 가치부여로 받아들이면 마하는 다른 무엇으로도 대치할 수 없는 천하일품의 어감을 상실하게 됩니다.

이 마하는 끝내 적당한 번역어가 없기 때문에 부득이 번역자 삼장법사도 원어 그대로 남겨 둘 수밖에 없었던 것입니다.

번역하는 입장에서 외국어를 그대로 쓰고 싶은 마음은 없겠으나, 다른 어떤 말로도 대치할 수 없는 원어의 의미를, 원어 그대로 후세에 전할 수밖에 없었던 것입니다.

이것만으로 그 의미를 파악하기가 힘든 현대인의 이해를 돕는 뜻에서 표현을 바꾼다면 초월적 실존이라는 말을 생각해 볼 수 있을 것 같습니다.

여기서 말하는 초월은 시간과 공간, 가로와 세로의 틀이나 한계를 벗어나서 언제 어디서 누구에게나 실제로 존재한다는 것입니다. 또한 자기 자신의 내부에 있으며 동시에 밖에도 있다고 하는 의미로의 초월입니다.

커다란 것, 많은 것, 뛰어난 것이라는 것도 바로 이런 뜻이며, 상대가 되는 라이벌을 두고 하는 가치결정이 아니기 때문에 번역할 수 없었던 것입니다.

이 순간 여기에서 빗나가면 다음에 나오는 이야기들을 이해할 길이 없게 되기 때문에 다시 한 번 확인하고 넘어가는 것이 좋을 것 같습니다.

이와 같은 초월적 존재가 있다는 것을 누구나 다 의식할 수 없을 것이므로, 무의식적 실존, 다시 말하면 의식하고 있지는 않으나 분명히 실제로 존재하고 있는 것이라고 말할 수 있을 것입니다.

이것을 오스트리아의 정신학자 프랑클은 '초월적 무의식'이라고 말하고 있습니다. 프랑클을 소개한 학자들은 이렇게 말하고 있습니다.

"프랑클은 인간의 깊은 의식의 층 속에 이 무의식의 층이 있음을 발견하고, 그는 그것을 '초월적 무의식', '실존적 무의식', '종교적 무의식'이라고 말하고 있다. 그것은 누구나 지니고 있는 부처가 될 수 있는 성질, 즉 불성의 마음이 아니겠는가. 프랑클의 깊은 사색은 여기까지 도달했던 것이다."

부처가 될 수 있는 마음이 이렇게 누구나 태어나면서부터 타고난 성품으로 지니고 있기 때문에 마하적(초월적) 존재라고 말하는 것입니다.

물과 공기처럼 안에도 있고 밖에도 있다

좁은 계곡을 따라 흐르는 개울물에서 어느 고장의 아름다운 시골 처녀가 야채를 씻고 있었습니다. 개울물이 빠르게 흐르기 때문에 야채가 떠내려가지 않게 하기 위해서, 야채가 든 대바구니를 물속에 잠기게 하고 씻고 있었습니다.

다 씻고 나서 대바구니를 물속에서 건져내는 순간 대바구니 속의 물이 눈부신 햇살을 받아 반사하면서 바구니 밖으로 흘러 떨어졌습니다. 그것을 보면서 문득 머리에 떠오르는 것이 있었습니다.

- 대로 짠 바구니이기 때문에 물속에 담그면 당연히 바구니 속으로 물이 들어와 있는 것이다. 반면에 바구니 속에 물이 있다고 하는 것은, 물이 바구니를 밖에서 에워싸고 있기 때문이다 - 이것은 직접 바구니를 물에 담가 보면 더욱 명확하게 이해할 수 있을 것입니다. 이 바구니의 안에도 밖에도 같은 물이 있는 것처럼 나 자신의 안팎에 육안으로 보이지 않는 무언가 '같이 있는 것이 있다'고 하는 것이 초월의 한 의미가 되는 것입니다.

이것을 우주 전체에 어떤 물건을 대신해서 다른 물건을 갈아 놓고 생각해 보면, 시간과 공간을 초월한, 초월적 실존 - 초월해서 실제로 있는 것 - 마하적 실존이란 어떠한 것인가를 짐작할 수 있습니다.

독일의 시인 괴테가 이런 말을 했습니다.

"나의 내부에 신이 없었더라면, 어떻게 하늘의 신을 볼 수 있을 것인가."

이 말에서도 우리는 이것을 느낍니다.

그러나 그 마음도 신도 그 실존은 우리의 눈이나 귀와 같은 오관으로 짐작할 수 있는 대상이 되지 못하기 때문에 17세기의 한 수도자는 다음과 같이 말하고 있습니다.

"마하는 끝없이 크다. 그러나 육안으로 볼 수 있는 몸, 즉 모습이 없다."

이렇게 정의하고 있습니다. 몸이 없기 때문에 모습이 없으며, 고정된 형태가 없고, 고정형이 아니므로 어디에나 있습니다.

형태가 고정되어 있는 것은 오히려 때와 곳의 제한을 받습니다. 숨을 쉬는 공기는 책상 밑에도 호주머니 속에도 서울에도 미국에도 얼마든지 있습니다.

몸이 없기 때문에 보이지는 않으나, 시간과 공간을 넘어서 초월해 있는 존재이기 때문에 마하인 것입니다. 내가 지금 쓰고 있는 볼펜은 육안으로 볼 수 있는 확실한 존재지만, 눈에 보이는 존재이기 때문에 현재 이곳에 한해서 한정되어 있으며, 다른 곳에는 있는지 없는지 알 수 없습니다.

반면에 형태, 즉 눈에 보이는 모양이나 모습이 없는 것은 시간과 공간의 제약을 받는 일이 적고, 모습이 있는 것이 그 제약을 받는 일이 많다는 것은 바로 이런 의미에서입니다. 허공 - 아무것도 없는 공간 - 과 비슷하지만, 그 허공이라고 하는 개념의 한정도 넘어섭니다.

이렇게 마하는 신비적인 존재가 아니며 모든 것을 초월해 있는 무의식 속의 실재, 즉 실제로 있는 것입니다. 다시 말하면 사람이 알고 있는 모든 것에 그 자체의 가치를 지니고 제 구실을 하게 하는 생명입니다.

우리는 여기서 이 수도자가 말한 "마하는 끝없이 크다. 그러나 육안(눈)으로 볼 수 있는 몸, 즉 모습이 없다"는 말을 다시 한번 음미해 보고 싶습니다.

어리석음을 무릅쓰고

어느 날, 수도를 하는 선사에게 한 사람의 늙은 비구니(比丘尼)가 찾아와서 손에 들고 있는 반야심경의 강해서(講解書)를 보면서 간청했습니다.

"저는 배우지 못한 데다가 이렇게 노인이 되어버려서 옛 어른들이 풀이하신 이 책을 아무리 읽어 보아도 이해하지 못하겠습니다. 부디 나 같은 노파도 이해할 수 있도록 알아듣기 쉽게 반야심경 이야기를 좀 해주십시오."

선사는 이야기를 듣고 측은한 마음이 들었습니다.

"나의 어리석음을 무릅쓰고 말씀해 드리겠습니다."

하고 심경의 한 구절마다 풀이가 되도록 짧은 말을 추가해서 되도록 일상적인 말로 이해할 수 있게 해주었습니다.

이 선사는 '어리석음을 무릅쓰고'라고 했지만 그때 당시는 더 말할 것도 없거니와 오늘에 이르기까지 아직도 이보다 더 적절하게 풀이한 강해서가 드물다는 것이 사실입니다.

선사는 이와 같이 어리석음을 무릅쓰고 - 하는 경건한 마음으로 말을 첨가해서 마하반야바라밀다심경의 제목에 쓰인 글을 하나씩 하나씩 정성껏 설명하고 있습니다만 본문 첫머리에 이제부터 앞으로 나오는 말은 〈마하반야바라밀다심경〉이라고 하는 경전 제목의 뜻을 설명한 문장에 지나지 않는 다는 것을 분명히 밝혀 주고 있습니다.

이것을 보면 옛 사람들이 이 경의 제목인 10자를 얼마나 중요하게 여겼는지를 알 수 있습니다.

반야(般若)란 지혜이며 모든 존재의 근원

옛날의 선인들은 반야의 뜻을 다음과 같이 바르게 풀어서 이해하고 있습니다.

대품반야(大品般若)는 봄날의 물,
죄장(罪障)의 얼음이 풀리고 나면
만법공적(萬法空寂)의 물결이 일고
진여(眞如; 진리)의 언덕으로 몰리어 간다

이 시로써 알 수 있듯이 옛 사람들이 알아야 할 것을 충분히 이해하고 다시 완전히 소화해서 이와 같이 노래한 것을 보면 놀라운 일이 아닐 수 없습니다.

반야심경의 모체라고 해야 할 대반야경을 대품반야라고 합니다. 반야경에 풀이되어 있는 내용을 한 마디로 하면, 이제부터 차례차례 공부하게 될 공(空)의 가르침에 도달합니다.

이 공에 대해서 현대인은 여러 가지로 외국어를 쓰고 또 학문의 도움을 빌려서 표현하지만 제대로 풀지 못하고 있습니다. 옛 사람들은 단 한 마디 공이란 말로 깨끗이 그것을 표현하고 있습니다.

후세의 우리는 그들의 사색과 학문적인 노력에 감복하면서 분발하지 않을 수 없습니다.

반야는 범어, 즉 산스크리스트어로 프라즈냐(prajñā), 팔리어로 판냐(panna)라고 합니다. 팔리어는 석가의 만년의 가르침이 서방으로 펼쳐짐에 따라서 성전(聖典) 용어가 된 것입니다.

이 팔리어의 판냐를 소리로 옮겨 써서 반야라는 글자로 맞추고 그 뜻을 지혜라고 풀이합니다. 지혜와 지식은 분명히 다릅니다.

이것이 흔히 동의어로 다루어지기도 하고 특히 요즘 쓰이는 생활의 지혜 같은 새로이 등장하는 말들과 구별하기 위해서 반야의 지혜라고 특기하기도 합니다.

한문으로 번역할 때 당시의 번역가가 이 혼란을 두려워해서, 영원한 진실의 생명, 진리를 깨닫는 예지를 원어의 발음 그대로 옮겨 써서 반야의 명사를 다른 말로 바꾸지 않은 것입니다.

반야는 과연 어떠한 지혜를 의미하는 말인가.

이것이 오늘의 용어로 한다면 이성이란 말을 생각할 수 있습니다. 매우 깊은 의미에 있어서의 이성입니다.

왜냐하면 반야는 불모, 즉 부처의 어머니라고 말해질 만큼 모든 불교사상을 만들어 내는 기반이며, 모든 존재의 근원이라는 의미의 이성이기 때문입니다.

또는 모든 존재하는 것의 원점이라고 해도 틀림이 없습니다.

석가의 가르침에서 볼 때 모든 원점은 공입니다. 이 모든 존재의 원점인 공을 이해할 수 있는 정신의 기능이 곧 반야의 지혜입니다. 바꾸어 말하면 최고의 진리의 인식이라는 뜻입니다.

마하는 모습(몸)이 없이 충만해 있기 때문에 '커다란' 의미를 지니고 있으며, 오늘의 말로는 초월적 실재라고 표현할 수 있음을 지적한 바 있습니다.

수도선사는 그의 반야 풀이에서 "마하는 끝없이 크다. 그러나 우리가 볼 수 있는 몸이 없는 것을 말한다"고 했으며 이어서 반야에 대해서 "반야는 아무것도 없는 곳에서 나오는 지혜를 말한다" - 라고 이것 역시 단 한 마디로 설명하고 있습니다.

그렇다면 몸이 없는 것이 마하이므로, 이 마하에서 나오는 지혜가 바로 반야의 지혜인 것을 알 수 있습니다.

흔히 마하를 반야의 형용사처럼 생각하는 경우가 있으나 그것은 아니며, 마하는 모든 존재의 원점인 공의 형상이며, 반야는 공의 모습이기 때문에 같은 뜻의 말입니다. 혹은 마하를 반야라고 해도 틀림이 없습니다.

깜박일 수 없는 슬픔의 상징

어떤 퀴즈에 반야의 탈에 뿔이 몇 개 있는가 하는 것이 있었습니다. 이 탈을 만들어낸 반야방(般若坊)이란 명인의 이름에서 붙여진 탈의 명칭입니다.

그 무시무시한 표정은 슬픔과 노여움을 가슴에 지닌 인간 마음의 동요를 탈의 얼굴에 나타낸 것입니다. 이것은 슬기로운 지혜의 마음이 가려진 역현상의 표현이지만 단순히 그것에 그치지 않고 그 탈을 보는 사람들에게 노여움과 슬픔이 얼마나 인간 본래의 인간성을 가려 어둡게 하는 것인가 - 하는 것을 생각하게 합니다.

노여움의 표정을 보고 그것이 얼마나 추한가, 가면의 노여움의 표정은 모든 인간의 노여움이, 다시 말하면 자신의 노여움이 투영되어 있다 - 자신의 모습을 자신에게 보여 주고 있는 것이라고 생각하는 마음, 즉 반야의 지혜를 뒤집어서 알려 주고 있다는 것입니다.

슬픈 표정의 가면을 보아도 마찬가지입니다. 탈에는 그와 같은 소원이 담겨 있습니다.

우리나라에도 근래에는 이른바 레스토랑 극장이라는 것이 많이 생겼습니다. 외국 관광객을 위한 노래와 춤이 공연됩니다. 언제인가 무대공연 시간에 아름다운 무희가 춤을 추면서 전혀 눈을 깜박이지 않는 것이었습니다. 공간의 한 지점만을 응시하면서 춤을 추는 것입니다.

춤이 끝난 뒤에 왜 무엇 때문에 처음부터 끝까지 눈을 한 번도 깜박이지 않느냐고 물어보았습니다. 그것은 "깜박여서는 안 됩니다" 깜박이지 않고 눈을 최대한 크게 뜨고 하는 연습을 오랫동안 쌓아야 한다는 것이었습니다.

'그렇다, 눈을 깜박이면 안 되는 것이 아니라 깜박일 수 없는 것이다. 왜냐하면 눈을 깜박이면 눈물이 자꾸만 흘러내려서 춤을 출 수 없게 되기 때문이다.'

생각이 여기에 미치는 것이었습니다.

인간은 울어서는 안 될 때에는 되도록 눈을 크게 뜨면서 버팁니다. TV나 연극을 보면서 슬픈 장면이 나오면 울고 있는 얼굴을 사람들에게 보이지 않으려고 애써 눈을 크게 뜨는 경우가 있습니다. 영화는 장내가 어두우니까 가만히 손수건을 꺼내서 눈물을 닦을 수 있지만, 밝은 데서는 그것이 안 되기 때문에 눈에 힘을 주어 크게 뜨는 것입니다.

이 느낌을 탈에 그려 낸 것이 반야의 탈이라고 생각합니다. 슬플 때, 노여울 때, 눈을 힘주어 크게 뜨는 것입니다.

노여움이란 무엇인가, 슬픔이란 무엇인가, 그 원점을 바라보는 것 - 응시하는 것 - 이 반야의 지혜가 아니겠습니까?

곡주(穀酒)는 지혜를 어지럽히는가

우리나라 승려들은 술을 곡주라고 합니다. 승려의 은어이지만 참된 지혜의 눈을 뜨지 못하게 어지럽히는 것이 곡주입니다.

술은 사람을 취하게 하고 여러 가지로 복잡한 문제를 일으킵니다. 불교에서는 무명의 함정으로 보는 것입니다.

이 무명의 술에 취해서는 안 되는, 그 술에 취한 슬픈 마음을 감추기 위해서 곡주(쌀로 만든 술)라고 부르게 된 것 같습니다. 그런 의미를 생각해 보면서 다음의 시를 음미해 보고 싶습니다.

반야의 지혜가 가려지고 어지럽혀진 슬픔을 자각하는 것이

인간에게 주어진 숙제인 것입니다. 그래서 옛 사람들은 이렇게
노래했습니다.

대품반야는 봄날의 물,
죄장의 얼음이 풀리고 나면…

죄업에 의한, 성불의 장애로 인한 괴로움이나 헛된 망상에 사로
잡혀 진리에 어두운 술에 취하면 마음은 얼음처럼 굳어서 닫히게
되지만, 반야의 지혜의 빛을 만나면 풀려서 따뜻한 봄날의 물처럼
흘러가게 됩니다.
　　물은 언제나 흘러내리기를 바라지만 추위를 만나면 얼어서
굳어지는 것은 어찌할 수 없습니다. 다만 그것이 빨리 녹을 수
있는 연(緣)을 만나고 싶어하는 것이 아니겠습니까?
　　이런 시가 있습니다.

경(經)을 외우면
죄도 업장도 봄처럼 내리며
녹아지는 마음이 돈다

그것은 겨울이 있는 한, 눈이 내리는 것은 각오하고 있으나
원컨대 부디 봄눈처럼 내리며 녹아서 쌓이는 일이 없기를 바란

노래인 것입니다.

살아 있는 한, 잘못과 괴로움이 많은 것은 어찌할 도리가 없습니다. 아무쪼록 봄날의 물이 얼음을 녹여주듯, 지체 없이 인간의 고통을 덜어 주는 해빙의 봄날이 속히 오기를 바라는 것입니다.

얼음과 물은 두말할 것도 없이 다른 성질의 것은 아니며 같은 수분의 상태가 다를 뿐인 것입니다.

아무것도 남지 않는 부정

만법공적(萬法空寂)의 물결이 일고
진여(眞如; 진리)의 언덕으로 몰리어 간다.

만법이란 일체의 존재를 말하는 것입니다. 일체의 존재가 공(空)이라는 제1차의 부정이 '공적(空寂)'입니다.

이제부터는 심경의 본문에서 자세히 다루어질 학문적 내용이 되겠습니다. 여기서 만약에 모든 것을 허무한 것, 즉 공으로 부정해 버리면 그것은 허무로 되어버리고 만다는 것을 잊어서는 안 됩니다.

허무주의자 또한 니힐리스트라고 불리는 사람들은 이 제1차의 부정에서 그쳐버리고 말기 때문에 모든 것이 헛되고 공허하게만 느껴져서 살아갈 의지를 잃어버리는 것입니다.

렌즈에 비유한다면 단지 한 개의 볼록렌즈만으로 외계를 보는 것과 다름이 없습니다. 모든 것이 거꾸로 보이게 됩니다. 이것은 착각이 아니라 거꾸로 된 인식, 즉 뒤집어엎어 놓은 인식이므로 도각(倒覺)이라고 합니다.

첫 번째 부정이 무엇을 부정하고 무엇을 공(空)으로 하는가를 알아봅시다. 자기를 중심으로 하는 작은 사색을 말살하는 것입니다. 바로 인식을 얻기 위해서는 이 렌즈를 한 번 통과해야 합니다. 그러나 여기에 머물러서 그대로 만족하고 있으면 제로, 즉 영(0)의 세계밖에는 보지 못합니다.

여기서 다시 또 하나의 볼록렌즈를 보아야 합니다. 이것은 제2차의 부정입니다. 거꾸로 보이던 모습이 다시 반전해서 본래의 모습이 됩니다.

모습 그 자체에는 변함이 없으나, 첫째와 두 번째의 두 개의 볼록렌즈를 통해서 나타나는 모습이기 때문에, 분명히 같은 모습이면서 같은 모습이 아닌 먼 곳을 널찍이 바라보는 것이 있을 것입니다.

부정한 것을 다시 부정하는 부정의 부정은 결국 보다 높은 차원의 긍정이 됩니다. 그러나 이 긍정은 두 개의 볼록렌즈를 거치기 전의 단순한 긍정과는 결코 같은 것일 수 없습니다.

제1차의 부정에서, 자기중심의 생각 - 즉 나만의 집착을 부정했지만, 이 부정하는 것 그 자체를 또 부정하지 않으면 부정에 사로잡혀서 공의 본래의 성질에 배반하게 됩니다.

모든 있는 것, 즉 존재를 허무한 것으로서 공으로, 부정하는 공 자신까지도 부정하지 않으면 안 되는 것입니다. 허무한 공이라 하여 부정되었던 공도 실은 공이라고 하게 되었을 때, 거기에는 이제 다시 부정되어야 할 아무것도 남아 있지 않습니다.

부정의 부정인 까닭에 이것을 절대부정이라고 합니다. 절대부정의 결과는 자신을 비롯한 모든 존재가, 이제 그대로 참된 존재로서, 마음의 화면 가득히 생명을 부활해서 살아나오는 것입니다.

반야의 지혜는 이와 같은 구조로 더욱 노력함으로써 다시 얻어지고 또 얻어지는 것입니다.

그 누구라 할지라도 긴 시간을 두고 열심히 노력해야 알게 되는 내용을 반야라는 단 두 글자로 포괄하고 있다는 사실에서, 경전의 이름이 얼마나 큰 중량과 의미를 지니고 있는 것인가를 알게 되는 것입니다.

앞에서의 시에서, 이 반야사상을 '만법공적의 물결이 일고'라 하여, 공적의 고요함마저도 '물결이 일고'라는 말로 부정해서 공적에 머물러 있는 것을 물리치고 경계하는 자세는, 문학적 표현능력만으로 이루어지는 것은 아닙니다.

공은 사상을 잘 이해하고 체득해서 그것을 확신하고 있는 신념의 경지에서만 비로소 가능하게 되는 표현이므로, 그와

같은 마음의 경지가 얼마나 뛰어나게 훌륭한 것인가 감탄하지
않을 수 없습니다.

더욱 공적의 물결이 잇달아 '진여(진리)의 언덕으로 몰리어 간다'
고 노래한 진여의 언덕은 경전 제목의 바라밀다를 말하는 것이며
동시에 경전 본문의 끝 부분에 나오는 '주(呪) - 진언(眞言)'까지
지향하고 있습니다.

물은 방원(方圓)의 그릇에 따른다

바라밀다(波羅蜜多) - 반야바라밀다라고 이어지는 바라밀다도
범어의 파라미타(pāramitā)를 소리대로 옮겨 쓴 것이며, 현대어의
완성이 이에 해당되는 말입니다.

불도(佛道)를 수행하는 사람이 실천해야 할 덕목을 총칭해서
바라밀다라고 하며, 이 덕목을 실천하므로 깨달음, 즉 해탈의
저편 언덕에 도달할 수 있기 때문에 피안 - 저편 언덕에 도달한
상태를 가리키고 있습니다. 진여의 언덕으로 몰려 간다고 노래한
연유가 여기에 있습니다.

앞에서 노파에게 말해 준 수도선사는, 다시 바라밀다에 대해서,
"바라밀다는, 마하에서 나오는 지혜는 어디에도 머무르지 않으며
멈추지 않는 것"이라고 짧게 풀이해 주었습니다. 머무르지 않고

멈추지 않는 것이 근본 뜻이며, 그 주어는 '마하에서 나오는 지혜'입니다.

이 선사는 마하 · 반야 · 바라밀다로 토막토막 받아들이지 않고, 마하는 '공'의 본체이며, 반야는 '공'에도 사로잡히지 않는 모습, 그리고 공이 지니고 있는 자유의 기능과 실천이 바라밀다라고 합니다.

그 실천은 어디까지나 머무르지 않고 멈추지 아니 하는 것이며, 작은 자신의 존재에 사로잡히지 않고 작은 감정이라도 걸리는 일이 없는, 자유자재의 활동이며, 실천인 것입니다. 슬플 때에는 한껏 울어버리지만 결코 그 슬픔에 떨어지거나 젖어버리지 않습니다.

즐거울 때에는 기뻐하지만 그렇다고 그 즐거움을 언제까지나 틀어잡고 있으려고 하지 않습니다. 그것은 슬픔과 즐거움을 부정하고 다시 그것을 부정함으로써 비로소 얻어지는 자유입니다.

우리는 이 자유라는 말을 흔히 씁니다. 그러나 다른 편의 제약이나 제압을 뿌리치고 자유가 되는 것도 어려운 일인데, 한 걸음 더 나아가서 자신의 감정이나 본능의 지배를 받지 않고, 욕망으로부터 자신을 해방해서 바르고 자유롭게 행동하는 것은 더욱 어려운 일이므로 수련이 필요하게 되는 것입니다.

다른 사람으로부터가 아니고 자기 자신이 스스로 자유롭게 되는 것을 불교에서는 특히 대자유, 대자재라고 하며, 이 자유를 얻는 사람은 자유인이라고 부릅니다.

부처란 바로 대자유인을 말하는 것입니다.

이 자유는 물에 비유될 때 더욱 뜻이 선명해집니다. 얼음의 본질은 물이지만, 동결되어 얼어붙은 물에는 자유가 없습니다.

속담에도 물은 방원의 그릇에 따른다고 해서 어떠한 그릇에 넣어도 물은 들어 있는 그릇의 모양과 형태대로 구애받지 않고 가득 채울 수 있습니다. 그러나 얼음에는 그러한 물의 자유도 관용도 없습니다.

머물러 있는 물은 얼어붙습니다. 겨울철에 수도를 얼지 않게 하기 위해서 물을 조금씩 흘러내리게 수도꼭지를 열어 두는 생활의 지혜가 필요한 것처럼, 이 수도선사는 일찍이 그의 반야심경 풀이에서 '머물러서는 안 된다. 부디 멈추지 말도록 해야 한다'는 그의 염원을 담아서 '어느 곳에서도 머무르지 아니 하고, 멈추지 아니 하는 것'이라고 일러 주었던 것입니다.

또한 앞에서의 시에도 '공적의 물결이 일고, 진여의 언덕으로 몰리어 간다'고 노래하고 있는 것을 보다 깊이 음미해야 합니다.

삶을 사랑하고 죽음을 싫어하는 것은 편애

흔히 번뇌(우리의 몸과 마음을 어지럽히는 정신작용의 총칭)를 없앤

74

다든가, 육신의 집착을 풀어 버린다는 말이 있습니다. 그러나 이렇게 말하기는 쉽지만 살아있는 한, 그러한 것들이 없어지는 것은 아닙니다. 수양을 하고 싶은 신심(信心)을 갖는다고 해서 번뇌를 도려내 버릴 수 있는 것은 아닙니다.

깨달음이란 번뇌나 집착이 없어진 상태는 아니며, 그것이 가라앉혀지고 제지되어 균형이 잡혀진 상태를 말하는 것입니다. 텔레비전의 화면을 조정하는 것과도 흡사한 일입니다.

화면이 흐트러져서 파장이 혼란한 물결을 그리면 그것을 잘 조정하듯이, 자칫하면 물결치기 쉬운 감정이 파도를 진정시키는 것입니다. 파도를 진정시킨다는 것에도 사로잡히거나 그 자리에 머물러 있어서는 안 됩니다. 물결이 쳐야만 물이 썩지 않는 것임을 잊지 말아야 하겠습니다.

폭풍우의 파도는 배를 침몰시키지만 잔물결과 같은 리듬이 있는 물결은 바람직한 것이 아니겠습니까?

'만법공적의 물결이 일고'의 물결이야말로 리듬이 있는 마음의 물결인 것입니다. 리듬은 율(律)이라고 번역되고 있습니다. 삶에도 반드시 율동과 기준이 있어야 합니다.

우리는 좋은 일을 했다고 뽐내기도 하고 악한 짓을 하는 사람을 미워하기도 합니다. 그러나 그것은 별로 바람직한 일이 못 되는 것이라고 할 수 있습니다. 삶을 사랑하고 죽음을 싫어하는 것은 죽음을 사랑하고 삶을 싫어하는 것과 마찬가지로, 삶과 죽음의 어느 한쪽을 치우쳐 사랑하는 것이 되기 때문입니다. 공(空)의 입장에서 말하면 어느 쪽도 바르지 못하다고 보는 것입니다.

삶을 허무한 것으로서 공으로 부정하는 것과, 같은 이유에서 죽음을 부정하는 것, 그리고 생사를 초월한다고 하는 것은 별개의 일이 아닙니다. 목숨이 있는 한 정성을 다해서 살아간다면 조용한 죽음으로 이어지는 것입니다.

삶과 죽음을 경쟁자로 만들지 않으면 자연히 삶과 죽음을 다 같이 그 집착에서 벗어나 공으로 돌리고 초월해서 살아가는 길이 열리는 것입니다. 그것이 학문적으로 풀어주는 반야의 지혜인 것입니다.

우리는 그것을 눈을 감고 깊이 생각하기만 하는 관념의 유희에 그치지 말게 하고 피부로 실감하는 자기 훈련이 있어야만 참다운 이해와 실천이 가능하다는 것을 잊지 말아야 하겠습니다.

목숨이 불꽃놀이라면

번뇌를 씻고 마하반야바라밀다의 경지를 찾아가는 수도자 한 사람이 다음과 같은 고백의 기록을 남기고 있습니다.

'나는 아직 수행도상의 미숙한 인간입니다만, 미숙한 대로 자신의 생활 속에서 느낄 수 있었던 체험의 이야기가 있었습니다. 생과 사의 기로로 헤매던 한 인간의 솔직한 고백의 이야기로서 어쩌면 다른 인생과도 서로 통하는 공통성이 있을 것 같아서 감사하는 마음으로 적어서 남기고 싶어진 것입니다.'

전쟁이라는 소용돌이 속에서는 특별한 절차를 거치지 않고도 인간은 간단히 자신이 생을 부정하고 헛된 것으로서, 곧 공으로 돌릴 수 있는 것입니다. 그러나 전쟁이 끝나게 되면 분명히 부정해 버렸던 생의 집착이 되살아나게 됩니다.

인간의 사생관(死生觀)은 말하자면 볼록렌즈 한 개밖에 통과하지 못하고 있는 것입니다. 따라서 생을 가볍게 생각해서 경시하는 것은 알고 있어도 그것을 소중히 여기고 존중하는 곳까지는 미치지 못했던 것입니다.

생을 가볍게 여기는 마음을 제2의 볼록렌즈를 통해서 부정하는 과정을 거치지 못했기 때문에, 인간은 사생관에 있어서 혼자 고민하며 흔들리고 있는 것입니다.

사실 우주에 비하면 인간의 인생은 불꽃놀이와 다를 것이 없는 것입니다.

그렇다면 인간이 죽는 것이 두렵다고 생각하는 이 모순은 어디에서 나온 것입니까? 마침내 스스로, 결국은 인생을 자신의 힘으로, 말하자면 자아로서 살고 자아로서 죽는 것이라고 생각하고 있었던 생각의 잘못에서 나온 착각이었음을 느끼게 될 수 있을 것입니다.

실은 살려고 몸부림쳐도 사람이 마음먹은 대로 살아지는 것은 아닙니다. 또 죽고 싶다고 생각해도 죽어지는 것이 아니라는 것이 진실입니다.

자아로서 자아가 사는 것이 아니라, 살려져 있는 것입니다. 자아로서 자아가 마음대로 죽는 것이 아니라 수명이 자연히 끝나는 것입니다. 그것을 자아의 힘으로 마음대로 하려고 하는 곳에, 자신을 만든 모순으로 자신이 괴로워하는 원인이 도사리고 있는 것입니다.

불꽃놀이 정도의 지극히 짧은 순간의 목숨밖에 간직하지 못한 인간이 이 시간 이곳에 살아있다고 하는 사실은 실로 대단히 큰 의의가 있는 것임을 새삼 깨닫게 되는 것입니다.

불꽃놀이의 불빛은, 제2의 볼록렌즈의 빛으로 조명되어서 인간 자신을 비쳐주는 것입니다.

"나의 목숨은 하나의 불꽃놀이… 그러나 도중에서 꺼지는 일이 없도록 짧은 일생을 보람되게 완전히 연소시키자. 그리고 자신도 밝게, 주위도 밝게 비추면서 살아가자. 살아있는 시간까지 내가 나 자신을 불태우자."

이렇게 인간이 생각하기에 이르렀다고 가정해 봅니다.

여기에 미처 생각하지 못했던 부정의 부정이라는 제2의 렌즈가 주어진 것입니다.

부정의 부정을 거친 '긍정'이 얼마나 소중한 것인가를 다시 한번 깊이 생각해 볼 필요가 있습니다.

감정은 심(心) - 그 불변의 것이 마음

불교 경전은 대부분 인도의 문자를 중국의 문자나 발음에 맞추어 번역한 것입니다. 왜냐하면 우리나라는 중국 한자 문화권에서 오랜 세월을 살아왔기 때문입니다. 예를 들면 산스크리스트어의 칫타(citta)도 흐리다야(hrdaya)도 마음 '심(心)' 자로 한문으로 번역하고 있습니다. 전자는 '정신의 마음'이며 후자는 '중심(中心)'이란 뜻입니다.

《반야심경》의 '심'은 흐리다야로서 중심입니다. 그러나 연구가들에 의하면 이 경전의 내용에서 생각해 보더라도 단순히 중심이라든가 마음속이라는 정도의 것이 아니면 반야의 마음이라고 합니다. 그리고 반야심경을 《반야 · 심경》이 아니고 《반야심의 경》으로 받아들이는 것입니다.

이것은 반야심경을 가장 바르게 이해하기 때문인 것입니다.

그러나 오늘날에는 '심'이라고 하면 정신의 마음이기보다는 슬픈 마음이라든가, 마음의 고조된 상태나 흥분 등, 인간 감정의 상태를 가리키는 경우가 많은 것 같습니다.

여기서는 편의상 마음의 감정 상태를 한자의 심으로 쓰고 감정의 밑바닥에 있는 오직 하나의 진실한 것을 마음으로 써서 구별하도록 하겠습니다.

이에 대한 이해를 돕는 뜻에서 물로 예를 들어보고자 합니다.

수면에 일고 있는 물결이나 파도는 파(波)·낭(浪)·도(濤)·란(瀾) - 큰 물결 등 각각 다르게 물의 동요를 나타내는 한자가 있습니다.

나의 마음속 깊은 밑바닥 있어
기쁨도 근심 걱정의 물결도
그곳에는 미치지 못하리라

이것은 한 동양철학자의 노래입니다.

"마음의 표면에는 기쁨과 근심·걱정 등 온갖 물결이 일지만 자기에게는 깊은 마음의 밑바닥이 있어서 그곳까지는 그러한 물결들이 미치지 못할 것이다."

이처럼 역시 마음을 물에 비유해서 읊고 있습니다.

낭이나 파와 도가 모두 물이면서 동시에 그 움직이는 상태를 가리키는 글자이기 때문에 각각 '氵(삼수변)'에 붙어 있습니다. 삼수변은 한자의 자형에서 변으로 쓰일 때에 쓰이는 말이며 본래의 뜻은 물수입니다.

그래서 이들 글자의 본체인 良(양)·皮(피)·壽(수) 등을 제외한 '삼수변' 자신의 순수한 물 자체의 모습을 보전할 수 있습니다.

깊으면 깊을수록 깊은 물의 밑바닥은 더욱 고요하고 평정하며 '삼수변' 자신의 순수한 물 자체의 모습을 보전할 수 있습니다.

반면에 바닥이 얕으면 약한 바람만 불어도 곧 파문이 일어나는 것을 볼 수 있습니다. 그러나 바람이 멎으면 수면은 다시 평온해집니다.

물을 떠나서 파도와 풍랑이 있을 수 없으며 파도나 풍랑도 잔잔해지면 깊은 물속 저 밑바닥의 물과 동일체입니다. 바람이 불 때에 일었던 파도나 풍랑도 밑바닥의 물과 별개의 것은 아닙니다.

마음의 경우도 마찬가지입니다. '삼수변'에 해당되는 것이 '심방변(忄)'입니다. 여기에는 원한이라고 할 때 쓰이는 '한할 한(恨)', '바쁠 망(忙)' 등이 있고, 또 '마음심(心)' 자를 중심으로 하는 '슬플 비(悲)', '잊을 망(忘)' 등이 있습니다.

물의 경우와 마찬가지로 이들 글자의 몸과 합성해서 만들어진 글자들을 빼 버린 '마음 심(心)' 자 그 자체를 생각할 수 있습니다.

이 마음도 물의 경우와 같으며 노여움과 원한은 마음의 파란(波瀾) - '이것이 심(心)이며 파란이 잔잔해지면 앞에서의 물 그 자체, 여기서는 마음 그 자체가 되는 것입니다.

마음을 떠나서 감정은 없는 것입니다. 마음과 심(心)은 동일체이며 다만 어떠한 상태로 있는가 하는 존재양식의 차이가 있을 뿐입니다.

그러나 파도와 풍랑의 저 밑바닥에는, 언제나 움직이지 않는 물의 밑바닥이 있듯이 감정의 심층에는 불변의 마음이 엄숙히 자리하고 있다는 것을 잊어서는 안 됩니다.

반야의 지혜의 마음이 곧 마음

앞에서 심경을 쉽게 풀이해 주었던 수도선사는, 제자(題字) 심경 (心經)의 주(註)에 "신악(身惡)을 소멸(消滅)하는 것을 말한다. 그곳 에서 나오는 것은 모두 경(經)이다." 이렇게 말하고 있습니다. 신악을 소멸한다는 것은, 번뇌(심신을 교란하여 어지럽히는 정신작 용의 총칭)를 소멸하는 것이지만, 살아 있는 한 번뇌를 말살한다는 것은 불가능한 일이기 때문에 번뇌의 물결을 가라앉히는 뜻으로 선사가 말하고 있는 것은 자명한 일입니다.

물결을 잔잔하게 가라앉히기 위해서는 모든 현상과 존재에 대해 어느 한쪽 편을 들거나 자기 좋은 대로 판단하는 자기위주의 편향적인 생각에 집착하지 말고, 어느 한 곳에 정체되어 있지 않도록 해야 합니다.

동양의 15세기 고승(高僧) 가운데 한 선사는 이렇게 말하고 있습니다.

"심경은 반야의 마음이다. 이 반야의 마음은 일체의 중생(생명 있는 자)에게 본래 갖추어져 있는 마음인 것이다…."

이 선사는 '심경'이란 하고, 말머리를 꺼내고 있습니다. 그리고 다시 '경이란…', 이런 식으로 이야기하고 있는 것으로 미루어, 이 내용을 읽어 보면 심경의 심에 힘주어 마음을 쏟고 있다는 것을 알 수 있습니다.

이것은 심에 대해서 이야기하고 있음이 분명합니다. 그리고 이 심은 감정이 아니며, 감정의 밑바닥 깊숙이 들어있는 깊은 층의 마음인 것을 분명히 해 주고 있습니다.

바꾸어 읽으면 '마음이란 반야의 마음인 것이다'가 되며, 반야라고 하는 지혜의 마음과 같은 것임을 지적하는 것이라 하겠습니다.

여기서도 앞에서 풀이한 바 있는 수도선사와 마찬가지로, 이 경전 제목을 '반야'라고 하는 것으로 집약하고 있습니다. 그리고 이 마음은 반야의 마음이며 누구나가 본래 자기 안에 갖추고 있는 것으로서 그 자체가 청정한 것이므로 무엇이라고 이름을 붙일 수 없는 것이라고 했습니다.

18세기에 이르러 일반 서민들과 퍽 친근한 선사가 있었습니다.

이 선사는 마음에는 무엇이라고 이름을 붙일 길이 없기 때문에 본래부터 이름이 없었던 것인데, 누군가 잘못해서 "심 - 마음"이라고 이름을 붙여버린 것이라고 해서 매우 철저하고 소중하게 다루

고 있습니다. 그러나 역시 마하반야바라밀다심이라는 하나의 생명
의 흐름을 인식하고 체득한 이후의 발언임을 역력히 엿볼 수
있습니다.

즉 '바라밀다심'의 '심'이란 감정의 심이 아니며 인간 본심의
마음으로서 마하반야바라밀다의 마음이라고 실감하는 것입니다.

지금까지의 이야기를 정리하면 누구나 언제 어디서든지 지니고
있는 초월적인 실재로서의 깊은 이성의 마음이 됩니다.

'마하반야바라밀다심'이 '반야심경'이 되고 다시 두 글자, '심경'
으로 압축되는 연유가 여기 있습니다.

분한 일을 보복하지 마라

분한 일을 당했다고 해서 분한 마음으로 보복을 하면, 영원토록
원한이 쌓이게 됩니다. 그 상대편을 원한에서 건져 구해주려고
노력하는 곳에서, 서로의 원한은 스스로 사라지고 새롭게 따뜻한
사랑의 길이 열리는 것입니다.

이것이 그 원한을 무의미한 것으로서 공(空)으로 돌리는 것입니
다. '심경(心經)'의 지혜가 진실로 살아서 하나 둘씩 아름다운 열매
를 맺어가고 있습니다. 재난을 면하는 것도 감사할 일이지만,
인생의 역경에 서게 되었을 때 거룩하리만큼 깨끗하고 즐겁게

살아갈 수 있는 힘을 자기 안에 개발할 수 있는 것이 가장 높은 경(經)의 능력이며 보답인 것입니다.

왜냐하면 경은 석가께서 해탈한 마음을 이야기한 것이지만 부처의 마음 그 자체는 말로 표현할 수 없는 것이기 때문입니다.

경을 읽고 그것의 인도를 받아서 - 인생의 깊고 깊은 진실한 것이 가슴에 와 닿는 것을 느끼고, 그 순간 마음의 눈을 크게 뜬 - 석가의 마음에 그 사람의 마음이 바로 이어진다면 그때 비로소 글자로 쓰인 경을 참으로 읽을 수 있게 되는 것입니다.

경문으로 영원한 생명을 잡을 수는 없을까

삼장법사 일행은 생소한 여행에서 많은 어려움을 겪고 인도에 도착해서 어렵게 대망의 경전을 이어받을 수 있게 되었습니다. 그런데 돌아오는 길에 뜻하지 않은 돌풍을 만나 천신만고 끝에 얻은 경전이 모두 하늘로 날아가 버렸습니다.

수행했던 손오공 등이 당황해서 그것을 모아본 결과 놀랍게도 어느 권을 보아도 경은커녕 아무 글자도 쓰여 있지 않았다고 합니다. 글자가 한 자도 안 쓰인 백지였습니다.

이때 손오공이 석가에게 돌아와서 큰 소리로 항의했습니다. 석가는 미소를 띠고 일러주는 것이었습니다.

"그게 아니다. 경은 글자로 씌어 있지 않는 것이, 씌어 있는 쪽보다 높은 수준의 경인데, 세상 사람들은 글자로 씌어 있는 경만 좋아하지 글자가 없는 진짜 경을 모르고 있다. 그렇게 말해 주어도 믿지 못한다면 어쩔 도리가 없다. 별 수 없이 글자가 적힌 경을 가져가도록 할 수밖에 없다."

이것은 소년 소녀들에게 경의 그 깊은 뜻을 이해할 수 있도록 전해 주기 위해 지어낸 이야기였습니다. 말과 글자로는 표현하고 싶어도 표현할 수 없는 '사상(思想)'이 있다는 것을 암시하고 있습니다.

글자로 써 있고 책으로 인쇄된 경전을 읽어서 그 의미를 이해하게 되면, 다음에는 글자가 없는, 문자로 표현되지 않은 경, 즉 모든 현상을 경전으로서 받아들이고 그 뜻을 읽어서 파악할 수 있는 단계에까지 이르러야 할 것임을 일러 주고 있는 글이라고 할 수 있습니다.

소리도 없이 향(냄새)도 없이
하늘과 땅은 끊임없이 쓰지 않는 경(經)을 되풀이하며

이 유명한 시를 우리는 다시 한 번 생각해 봅니다. 봄이 되면 꽃은 말없이 피고, 가을에는 조용히 잎이 집니다.

아침마다 태양은 동쪽에서 뜨고, 저녁이면 어김없이 서쪽으로

집니다. 대자연의 섭리가 그대로 명확하게 문자가 아닌 사실로서 가르쳐 주고 있는 것입니다.

산에 진달래꽃이 피면 농사철이 온 것을 달력 없이도 우리의 조상들은 피부로 느꼈던 것입니다. 이 계절 따라 자기 차례가 오면 말없이 피는 꽃의 마음을 배우는 것이 화도(花道)라고 합니다.

그것은 결코 말과 문자를 그저 부정(否定)하는 것이 아닙니다. 부정의 부정이라고 하는 두 개의 볼록렌즈를 거쳐서 이루어지는 일인 것이며, '대자연의 섭리는 인간의 언어로 표현할 영역을 벗어나 있기 때문에 문자로 적어서 남기지 않느니라' 이렇게 표현한 노래의 뜻을 새겨 보면, 무엇인가 마음속에 자리하는 것이 있을 것입니다.

대자연의 생태(生態) 속에서 인생의 의미를

"경(經) 다라니(陀羅尼) - 범어(梵語)로 선법(善法)을 지키고 악법(惡法)을 막는 어구 - 라는 것은 문자가 아니며 일체 중생의 본심인 것이다.

본래의 마음을 잃은 사람을 위해서 여러 가지의 예를 들어서 가르쳐 주고 본래의 마음을 깨닫게 해 주어, 흔들리고 방황하며 자신이 없는 삶과 죽음을 멈추게 하기 위한 말씀인 것이다.

본심을 깨닫고 근원으로 돌아가는 사람이 진실로 경을 읽게 되는 것이니, 문자를 가리켜 진실한 경(經)이라고 해서는 안 될 것이다."

이렇게 말한 학자가 있었습니다. 말은 부드럽지만 매우 놀랄 만한 발언이 아닐 수 없습니다.

"경 다라니라는 것은 문자가 아니며" 하고 상식적인 경에 대한 생각을 여지없이 부정해 버린 것입니다.

본심이 어디로인가 나가버려서 찾을 길이 없게 되고, 이리저리 흔들리고 빠지며, 방황하며 혼미를 거듭하고 있는 사람을 위해서 몸뚱어리와 물질생활의 유혹에서 벗어나지 못하고 있는 자신을 깨닫게 해 주기 위한 비유인 것이지, 문자가 진실의 경은 아니라는 것입니다.

진실의 경(經), 즉 참 경은 꿈꾸듯 젖어 있던 육신과 물질을 탐하는 욕망의 생활에서 깨어나 자기 자신이 스스로 본래의 마음을 지닌 자신으로 되돌아가는 사람이 참 경을 읽는 것입니다.

경이란 누구나 모든 사람이 지니고 있는 본심으로서의 마음을 가리키는 것입니다.

선(禪)을 통해서 일찍이 길이 트인 선각자가 있었습니다. 이 선각자는 연명십구관음경(延命十句觀音經)이라는 반야심경보다 짧은 경을 하루도 빠지지 않고 독송(讀誦)했다고 합니다.

이 경은 학문적으로는 거짓 경이란 말을 듣고 있습니다. 그러나 이 선사는 조금도 구애받지 않고, "그토록 영험이 있어서 세상에 이익을 주신다면, 중세기의 극작가가 썼건 이름도 모를 국문학자가 썼건 상관하지 않고, 마음껏 신앙하고 밤낮으로 독송해서…." 하며 소신을 밝히고 있습니다.

"이만큼 인간의 기원이 받아들여지는 영험이 있어서 사람을 행복하게 해 주는 것이라면, 부처의 말씀이 아닌 그 누구의 설이더라도 가릴 필요가 없다."

이것은 진실입니다.

경은 읽는 사람에게, 그 사람의 참 마음에 있는 것임을 갈파한 말이 아닐 수 없습니다. 진실한 자신, '참 나'와의 만남인 것입니다. 최근에는 문인·학자들도 반야심경을 깊이 읽고 탐구해서 연구논문을 쓰는 경우가 있습니다. 한 문인이 쓴 책을 보면, "성현의 말을 풀어가는 가장 훌륭한 길은 무언의 말, 즉 실천으로서의 수행을 통해서 풀어가는 법인 것이다." 이런 풀이가 있습니다. '참 사람'의 마음을 되찾도록 깨우쳐 주는 경의 깊은 뜻을 이해할 수 있게 되는 가장 좋은 방법은 탈 없이 묵묵히 실행, 실천하는 것입니다.

대자연의 생태(生態)·풍광(風光)·현상(現象)의 움직임 가운데서 인간이 살아야 할 길과 그 자세, 그리고 인생의 의미와 삶의 보람을 스스로 고요한 마음으로 사물을 관찰하며 터득하는 것이 중요합니다.

'소리도 없고 향(냄새)도 없이 하늘과 땅은 끊임없이 쓰지 않는 경을 되풀이하며…'라는 시구를 다시 한 번 생각해 봅니다.

자연은 우리 앞에서 글자가 씌어 있지 않은 가르침으로서의 경을 1년 4계절 하루도 쉴 없이, 또 아낌없이 되풀이해 읽어 주고 있습니다.

그러나 이 소중한 자연의 외침을, 우리들의 깊은 마음속에서 알아들을 수 있는 수신장치, 즉 마음의 귀가 너무 빈약해서 잘 알아듣지 못하는 경우도 있습니다.

어떤 서도가(書道家)는 개구리가 실버들 가지에 뛰어 붙는 것을 보면서, "인생은 노력하는 것이다. 바로 그거지. 그래 그거야!" 하고 느낀 바 있어, 그 후부터 열심히 서도에 정진해서 세상에 알려진 대가가 됐다고 합니다.

실상 개구리도, 실버들 가지도 그 서도가에게 무엇을 가르쳐 주리라고 생각했던 것은 아닐 것입니다. 실버들 가지는 아무런 뜻도 없이 무심코 아래로 늘어져 있을 뿐인데, 무심코 개구리가 뛰어 붙는 것을 바라보고 있는 동안 그는 글자가 씌어 있지 않은 훌륭한 가르침, 즉 경과의 만남을 이룰 수 있었던 것이며 눈으로 그 경을 읽을 수 있었던 것입니다.

여기까지 경에 대한 선인들의 이야기를 듣고 있는 동안, 글자가 씌어 있지 않은 경이라고 하는 대목이 특이하게 반향을 일으켜 글자를 가볍게 보아도 무방한 것으로 받아들이는 경우도 있을지 모르겠습니다.

그러나 글자로 씌어 있는 경을 한 자, 한 구절, 경건한 마음으로 읽을 수 없는 고만(高慢)한 태도로는, 이처럼 글자가 없는 무자(無字)의 경을 읽을 도리가 없는 것입니다.

인간의 말로는 통할 길이 없는, 산수(山水)와 화조(花鳥), 즉 말이 없는 산과 흐르는 시냇물, 그리고 역시 말없이 곱게 피어있는 꽃과 지저귀는 새들을 상대로 서로 마음을 주고받는 것이 소중한 일입니다.

이 마음의 교류를 할 수 없을 정도로 마음이 빈곤한 사람은 어떠한 말이라도 이해할 수 없는 것입니다.

[불보살문] 금동판보살좌상 (통일신라시대)
　대좌위에 합장한 아미타불이 중앙에 앉아있다. 불상 뒤로 투각으로
장식된 화염광배가 배치되었다. 대좌(臺座) 아래에 긴 촉(鏃)이 두 세개씩
달려있어 불감(佛龕)같은 곳에 꽂아 안치했던 것으로 보인다.

제2장
남의 아픔과 나의 아픔

- 고통이 괴로움이 아니게 될 때 -

모든 생명은 채찍을 두려워한다.
모든 생명은 죽음을 무서워한다.
자기 생명에 이것을 견주어
남을 죽이거나 죽이게 하지 말라.

남이 듣기 싫은 성낸 말을 하지 말라.
남도 그렇게 네게 답할 것이다.
악이 가면 화는 돌아오나니
욕설이 가고 오고,
매질이 오고 가고…

觀自在菩薩 行深般若波羅蜜多時 照見 五蘊皆空 度一
切苦厄

관자재보살 행심반야바라밀다시 조견 오온개공 도일
체고액

관자재보살,

심반야바라밀다를 행했을 때,

오온이 모두 공(空)임을 비추어 보고,

일체의 고액(苦厄)을 넘어서

스스로 구제하기에 이르렀다.

전지자(全知者)이며, 인간의 길을 깊이 깨달아 각자(覺者)가
되신 분에게 경의를 바친다.

거룩한 구도자(求道者) 관음(觀音)은, 깊고 원대한 지혜와
완성을 실천하고 있을 때에 세상에 존재하고 있는 모든 것을,
다섯 개의 요소가 있는 것으로 보았다. 그리고 그는, 이들
구성 요소가 그 본성에서 볼 때, 모두 실체가 없는 것임을
간파했던 것이다.

(1) 영원한 고뇌로부터의 구제

인간적이란 고뇌하는 것이다

관자재보살(觀自在菩薩) - 관자재보살이란 관세음보살, 즉 관음을 말하는 것입니다.

원어는 아발로키테스바라(Avalokitesvara)이며 현장의 대선배인 구마라습(鳩摩羅什; kumārajiva)이 관세음(觀世音)이라고 역한 것을 현장이 다시 번역한 것입니다.

무엇이라고 번역되었다 하더라도 역사적으로 실존했던 인물은 아닙니다. 불교에는 삼세(三世), 삼천(三千)의 제불(諸佛)이라고 일컬어질 정도로 많은 부처들의 이름이 있습니다.

삼세란 과거·현재·미래를 가리키는 말입니다. 여기에 각각 천불이 있어서 모두 합하면 삼천불이 됩니다. 그래서 삼천불(三千佛)의 이름이 있습니다.

그러나 육신을 갖추어서 이 세상에 태어나고, 실제로 이 세상에서 살다가 삶을 다하고 저승으로 간 실재의 부처는 석가뿐입니다.

아미타(阿彌陀)·지장(地藏), 그 밖의 수많은 부처들도 역시 역사적으로 실존했던 인물이 아닙니다. 그러나 그렇다고 해서 결코 우상(偶像)은 아닙니다.

수많은 부처들은 석가가 해탈해서 찾아낸 깊은 마음의 상징적 존재입니다. 상징이란 눈이나 귀와 같은 직접적인 감각기관의 대상이 되지 않는 추상적인 내용을 무엇인가 다른 형태를 빌려서 구체적으로 표현하는 것입니다.

석가가 해탈한 내용을 감각으로는 파악할 수 없기 때문에, 부처의 이름을 입으로 외우는 것에 의해서 실감하는 것입니다.

아미타란 '영원의 생명, 무량의 빛'을 뜻하는 말입니다. 눈으로 보고 손으로 만져볼 수 있도록 불상(佛像)으로 표현되기도 합니다. 그러나 이것은 어디까지나 상징일 뿐, 우상은 아닙니다.

석가가 깊이 깨달은 해탈의 마음은 앞에서도 말한 바와 같이 초월적 무의식입니다. 초월이란 시간과 공간을 넘어서 구별 없이 인간 육체의 내부에 있으면서 동시에 외부에도 존재한다는 것, 언제 어디서 누구에게나 보유되어 있지만, 그것을 느끼지 못하기 때문에 무의식적 존재인 것입니다.

이것은 프랑클의 설입니다. 또한 그것은 자기중심적인 자아심의 밑바닥에 잠재하고 있는 자신의 마음이라고 합니다. 이 깊은 마음을 누구나 자기 안에 파묻혀 있는 존재로서 지니고 있다는 사실을 석가는 깨달았던 것입니다. 그리고 이 마음을 상징한 것이 삼천제불(三千諸佛)의 이름과 모습인 것입니다.

불상을 바라보고 있으면 인간적인 점과 그렇지 못한 점을 동시에 느낍니다.

불상은 인간을 본떠서 만들어진 것이라고 말하는 사람도 있으나 사실은 그렇지 않으며 어디까지나 마음 - '초월적 의식'을 표현하기 위한 것입니다. 인간을 닮아 있는 것이 아니라 그 마음을 사람도 지니고 있기 때문에 그와 같이 보이는 것입니다. 사람이 지니고 있는 본래의 마음이 부처의 마음과 통하고 있기 때문입니다.

어느 불교학자는 이렇게 말하고 있습니다.

"인간의 형상을 떠나지 않고 그러면서도 초인간적인 아름다움을 가득히 담고 있는 것, 그것을 불상으로 조각한다는 것은 가장 어려운 일이다. 단순히 흔해 빠진 속된 인간 냄새가 나는 것, 그런 의미에서 초인간적인 것이라면 쉬운 일이다. 그러나 부처의 마음을 나타내는 초인간적이라는 뜻은 육신과 물질을 욕망에 사로잡혔던 인간의 번뇌를 넘었다고 하는 것이다. 인간적이란 고뇌를 갖는 것이다."

단순히 보통 인간과는 동떨어진 것이라면 조각을 하는 것도 그림을 그리는 것도 쉬운 일입니다.

TV 영화나 만화에 나오는 초인간들이나 여러 가지 모양을 한 괴물들은 한결같이 보통 사람과는 동떨어진 모습으로 그려내는 것으로 앞다투어 마음대로 등장하게 할 수 있지만 불상은 그렇게 될 수 없는 것입니다.

천수천안관음(千手千眼觀音)은 인간 고뇌의 모습

불화(佛畵)에 보이는 귀신이나 아귀(餓鬼)나 괴수(怪獸)는 괴이한 짐승이 아닙니다. 그들에게도 모두 사상을 지니게 하고 있습니다. 그러나 오늘날의 괴수만화에는 인간의 고뇌와 사상을 찾아볼 수 없습니다.

1천 개의 눈에, 1천 개의 손, 또 그 손 하나하나의 손가락에 하나씩의 눈이 있는 '천수천안관음상'을 본 외국인이 깜짝 놀라서 '그로테스크'하다고 감탄했다고 합니다. 그러나 괴기(怪奇)하고 기괴(奇怪)한 것은 불상이 아니며 시시각각으로 변하는 인간의 마음의 상태 쪽입니다.

인간이 갖는 고뇌와 희망이 한탄과 소원이 되어, 석가의 가르침에 따라 이끌려가면서 그러한 모습으로밖에는 표현할 수 없었던 신음소리를 공감하면서 들을 수 있어야 하겠습니다.

이 신음소리가 들려올 정도까지 이해할 수 있게 되면 불상이 기괴한 것도 아니며 더구나 우상과 같은 것은 더욱 아니라는 사실을 알 수 있을 것입니다.

그것은 분명히 우상이 아니라, 이 시간 현재 살아있는 자신의 모든 것이 그 안에 숨쉬고 있음과 동시에 무언가 이상을 품었던 자신의 '참 모습'으로서 그것을 응시하지 않을 수 없을 것입니다.

어떤 철학자가 천수천안관세음상을 보고 다음과 같이 다정다감하고 치밀하게 관찰하며 느낀 소감을 기록에 남기고 있습니다.

"나는 천 개의 손의 훌륭함을 보았다. 그 손은 구제자의 손이었을 것이다. 어쩌면 나에게는 그 손이 고통에 몸부림치는 중생의 손처럼 보였을지도 모른다. 나는 이 손들이 무명의 칠흑 같은 어둠에서 뛰쳐나와 하늘을 향해서 무엇인가 울부짖고 있는 것만 같아서 어찌할 바를 몰랐다. 어떤 손은 괴로움에 떨고 있는 듯하였으며, 어떤 손은 무엇인가 열심히 호소하고 있는 듯도 하였다. 그리고 어떤 손은 신음하고 있는 모습을 느낄 수 있었고 어떤 손은 간절한 마음으로 빌고 있는 것처럼 보이기도 했다. 무수한 욕망과 수없이 많은 욕망이 어떻게 좌절하는가에 따라서 그려진 무수한 고뇌의 손들이었다. 그 수없이 많은 고뇌의 작고 묘한 음영이 수없이 많은 손들의 표정이 되어서 나타나 있는 것으로 보였다."

뛰어난 불교 미술가는 자신의 미적(美的) 감정과 더불어 인간의 있는 그대로의 모습을 슬퍼하고 있어 주어야 할 모습을 기원하며 자신이 도달한 믿는 마음, 즉 신심을 표현하는 데 심혈을 기울였던 것입니다.

'심경'의 경우, 그것이 상징된 것이 관음상이며 그 상의 배후를 버티어 힘 주는 것이 관음의 마음이요, 석가가 깨달은 해탈의 마음인 것입니다.

관음은 실제로 존재하지 않는다는 것, 관음상을 모시고 숭배하는 것은 결코 우상숭배가 아니라는 것은 이미 말씀드린 바 있습니다. 우리는 여기서 관음이 석가의 해탈한 깨달음으로써 도달한 마음, 다시 말해서 초월적 무의식의 어떤 점을 상징하고 있는 것인가를 생각해 볼 단계에 이르렀습니다.

고통을 체험해서 알게 되는 타인의 아픔

'조리(早離)와 즉리(卽離)는 어린 형제였다. 이 두 형제는 너무 일찍 양친과 사별했기 때문에 날마다 울고 있었다.

어느 날 마음씨가 고약한 사나이가 나타나 너희들 부모를 만나게 해 줄 테니 이 작은 배를 타라고 권했다. 두 소년은 속고 있는지를 꿈에도 모르고 그의 말에 따라 배에 탔다. 작은 배는 포구의 어귀에서 저 멀리 떨어져 있는 이름도 없는 작은 섬에 닿자, 어린 두 형제를 내려놓고 사나이는 그대로 되돌아 가버렸다.

두 아이는 좁은 섬 안을 뛰어다니며 부모를 찾지만 있을 까닭이 없다. 마침내 겹친 피로와 굶주림을 못 이겨 이 어린 두 형제는 가엽게도 쓸쓸한 고도에서 숨을 거두게 된다.

숨지는 임종의 시간이 임박하자, 아우인 즉리는 자기들 두 형제가 너무 어린 나이로 죽어가게 되는 기막힌 운명을 한탄했다.

말없이 듣고 있던 형 조리가 아우를 위로하며 부드럽게 타일렀다.

"나도 처음에는 세상을 저주하고 사람을 원망했지만, 이토록 멀리 외롭게 떨어진 작은 섬에서 어찌할 도리가 없지 않니? 다만 몸으로 배운 것은, 부모와 일찍이 헤어지고 사람들에게 속아서 사는 우리들의 슬픔과 못 견디도록 겹치는 피로와 굶주림을 겪게 되는 고통이었다. 그러니 우리가 다음 이 세상에 태어날 때에는, 이 고뇌의 체험을 인연으로 삼아서 우리와 같은 슬픈 운명에 있는 사람들을 구해 주자. 다른 사람을 위로해 주는 것이 바로 우리가 위로를 받는 길인 것을 이렇게 배우지 않았니?"

아우는 형의 말을 이해할 수 있게 되자, 밝고 시원한 얼굴이 되었다. 서로 얼싸안고 숨져간 이 두 형제의 얼굴에는 조용하고 밝은 미소가 어리어 있었다.

형이 관세음보살, 아우가 세지보살(勢至菩薩)이었다. 이 섬이 보타락산(백화산[白華山]·일광산[日光山]이다.'

이 이야기는 스리랑카에서 미얀마와 태국으로 건너간, 팔리어(pali 語)로 된 불교성전, 즉 〈남전대장경(南傳大藏經)〉의 하나인 화엄경에 나오는 슬프고도 아름다운 이야기였습니다.

옛 이야기지만, 현대인의 사색에도 깊은 도움을 주는 진리를 지니고 있습니다.

조리와 즉리란 각각 '일찍이 떨어진다'·'곧 헤어진다'는 의미입니다. 태어나서 얼마 되지 않아, 혹은 태어나자마자 부모와 헤어지는 아이들은 현재도 헤아릴 수 없이 많이 있습니다. 그것은 부모와 자식 사이라고만 말할 수도 없습니다.

'속아서, 멀리 떨어진 외딴 섬에 끌려가고, 되돌아오자니 배도 없다'는 것은, 살아 있는 현실의 세계에서 다시 한 번 고쳐서 살아 보았으면 해도, 그것이 불가능한, 오늘이라고 하는 날이 다시 돌아오지 않는, 그 무엇으로도 바꿀 수 없는 인생을 의미하는 것입니다.

이 도피할 수 없는 인생이라는 작은 섬에서 만나고 겪게 되는 인생의 번뇌의 갖가지 모습이, 부모를 찾아 헤매고, 견딜 수 없는 피로와 굶주림으로 일생을 마치게 된다는 이야기로 대신하고 있습니다.

인생의 한(恨)과 고뇌뿐인 것이 섬의, 즉 인생살이의 모두라고 생각하는 것이 아우의 인생관이었습니다. 그러나 형은 고뇌의 체험에 의해서 다른 사람들의 괴로움과 아픔을 실감할 수 있었던 것입니다.

이렇게 다른 사람을 위해서 봉사하는 것이 바로 자신을 구원하는 길이라고 하는 것, 자신의 슬픈 운명을 한탄하는 것만으로는 자신이 행복해질 수 없다는 것, 다른 사람을 위해 봉사함으로써 비로소 자신이 불행의 구렁에서 빠져나올 수 있는 길이 환하게 열린다는 것을 깨닫게 되었던 것입니다.

인간은 피할 수 없는 궁지에 몰려 쫓기게 되면 이와 같은 가치, 즉 새로운 길을 창조하는 의식이, 의식되지 않은 채 무의식으로서 자신의 깊은 밑바닥에 깔려 있었다는 것을 의식으로서 실감할 수 있게 됩니다. 부처는 자신의 체험을 통해서 이것을 우리에게 알려주고 있습니다.

우리는 어려운 일에 부딪치면 전에 없던 새로운 용기를 내어 살아가야 합니다. 그러나 자신이 직접 괴로움과 아픔을 경험하지 않고는 다른 사람의 고통을 알 길이 없습니다.

이것을 아는 사람은 아무리 자신이 괴로워도 자기 주위에 있는 다른 사람에게 좋게 해 주고 그들과 함께 밝게 살아가려고 노력하는 것이 보다 소중한 일이라는 사실을 알 수 있습니다.

눈을 크게 뜨고 보면, 우리는 자신의 주위에 있는 누구누구에게 반드시 무언가의 도움을 받으면서 살아가고 있습니다. 때로는 자신에게 못 당할 일을 겪게 하고, 심술궂게 나오는, 거꾸로 된 역현상으로 나타나는 차가운 도움이나 은혜도 있습니다.

그것을 따뜻하게 해서 사람들에게 되돌려 주는 곳에서, 원한이 승화되어 - 어떤 상태에서 다른 높은 영역의 상태로 비약하는 것 - 훌륭한 자애로 변하는 것입니다. 이렇게 되면 자신과 타인이 다 같이 구원을 받게 되는 것입니다. 그것을 불교에서는 공양(供養)이라고 합니다.

배신당할수록 더하는 자비(慈悲)의 마음

분한 일을 당했다고 해서 상대방에게 보복적인 행동을 한다면 언제까지나 사람과 사람끼리의 원한이 그치지 않을 것입니다.

상대방을 구제해 주는 어느 한쪽의 자비로운 마음과 그것을 실천하는 노력에 의해서만 피차간의 원한이 사라지는 것입니다.

만물은 이러한 의미에서 서로 아껴주고 서로 도우면서 다 같이 살아가는 행복을 찾고 누리도록 되어 있습니다.

이 세상 만물은 모든 주위의 사람들과 환경의 은혜 - 도움을 받으면서 모든 주위 환경에 보은하는 상호협조의 관계 속에 맞물려 있습니다.

이것이 화엄경을 꿰뚫는 일즉일체(一卽一切)·일체일즉(一切一卽) - 개체, 즉 하나와 전체와는 끊을 수 없는 전체에 있음을 말해 주는 것입니다. 개(個), 즉 하나하나 속에 전체의 길이 있고, 전체 가운데 하나하나에 통하는 길이 있습니다.

하나와 전체와의 관계를 뗄 수 없는 것으로 밀접하게 봄으로써 인생을 바르게 이해할 수 있습니다.

이와 같이 인생을 바르게 보는 사상이 앞에서 설명한 관음 이야기 속에 들어있었던 것입니다.

그리고 다음 세상에 태어난다는 것도 시간적, 공간적으로 거리가 먼 이야기는 아닙니다. 자신의 마음속에 깃들어 있던 잘못을 깨닫고, 새로운 인생관이 싹트게 되는 계기인 것입니다.

우리가 텔레비전의 채널을 바꾸고 라디오의 주파수를 맞추는 것과 비슷한 원리입니다.

죽어서 다시 태어난다는 표현은 자신의 좁은 생각이 넓은 생각으로 다시 태어나는 것을 가리키는 말입니다.

보타락산(補陀落山; 보타라카)은 남인도(南印度)의 바다 속에 있다고 하지만, 이것은 지리상으로 그렇다는 말은 아니라고 합니다.

근심과 괴로움이 많은 인간의 마음의 사막 위에 뜨는 오아시스인 셈입니다. 그것은 한문으로 번역한 백화(白華)는 빛깔이 없고 순수한 맑음을 가리키는 것이며, 일광(日光)은 음영, 즉 가려진 그림자가 없는 광명의 뜻입니다.

이 두 개의 번역어를 통해서 '보타락산'이 갖는 의미를 짐작할 수 있습니다.

석가 인생의 깊은 뜻을 깨달아서 해탈한 정신을 상징하는 관음의 마음 가운데 하나가 자비입니다.

자(慈)는 우정을 가리키는 말이지만 특정한 벗에 한한 것이 아니라 누구와 누구를 특별히 지적하는 구별이 없이 모든 인간을 향해서 우정을 베푼다는 의미입니다. 그리고 비(悲)는 슬픔이 아니라 신음입니다.

자신이 마음의 괴로움을 앓아서 신음해 본 사람만이 다른 사람이 괴로워하며 신음하는 것을 이해하고, 같이 괴로워하는 그 마음씨를 가리킵니다. 이 마음이 앞에서 나왔던 보타락산의 이야기 속에 그윽한 향기를 뿜어 주고 있습니다.

또 자비는 베풀어지는 사랑과도 다릅니다. 자비는 같은 선(線)에 있으면서 간절한 마음으로 서로 아껴 주며 염려하고 위하는 것입니다.

서로 깊이 사랑하는 피와 살과도 같이 절실한 것입니다. 결코 높은 곳에서 베풀어지는 것이 아닙니다. 그리고 배반당했을 때의 증오 대신 나타나는 사랑과도 다릅니다.

배반을 당하면 당할수록 더욱더 미워하고 싫어하는 것보다는 측은히 여겨 오히려 가엾게 생각하는 마음을 더하는 것이 자비입니다.

이 이야기 중에는 반야의 지혜가 흐르고 있습니다. 앞에 제1장에서 말씀드린 바와 같이 모든 존재, 즉 있는 것의 원점은 공이라고 인식하는 가장 높은 진리의 인식입니다.

그 최고의 진리를, 이 보타락산의 이야기에서 느껴볼 수 있다면 기쁜 일이 아닐 수 없습니다.

'조리가 관세음보살의 상징임에 대해, 즉리가 세지보살이라고 되어 있는 뜻은 자신의 편견을 형의 충고에 의해서 즉시 바른 생각으로 바꾼 의지의 힘을 나타내고 있습니다.'

관음(觀音)이란, 소리[音]를 보는 것이다[觀] - 불립문자(不立文字)의 상징

관세음을 줄여서 관음이라고 하는 것은 이해하기 쉽지 않은 일입니다. 소리는 들어야 하는데 소리를 본다고 한다면 이것은 무엇을 의미하는 것입니까?

동양에서는 옛날부터 향도(香道) 또는 향합(香合)이라는 유희 - 놀이가 있습니다. 향을 피워서, 그 향기로 향의 이름을 맞추는 것인데 이 경우에는 '향을 맡는다'고 하지 않고 '향을 듣는다'고 합니다.

향기는 코로 맡아야 하는데 듣는다고 해서 마치 귀가 감각하는 구실을 맡게 되는 것과 비슷하게 들립니다. 관(觀)은 자전(字典)에 '사물을 잘 주의하여 봄'이라고 되어 있으나, 이것만으로는 불충분한 듯합니다. 오히려 붙잡는다, 포착한다는 동적(動的)인 의미에 더 가까운 뜻을 지니고 있습니다.

음성이나 말의 밑바닥에 무엇이 있는가, 말이나 음성이 되기 이전의 마음은 무엇인가 하고 소리를 넘어서 - 초월해서 마음과 직결된 것으로 포착하고 파악하는 것입니다.

이것은 어렵게 생각할 것이 없습니다. 어린 아이가 운다 - 말을 못 하는 어린 아이는 자기에게 무슨 일이 있을 때마다 울어댑니다.

그 우는 소리를 들으면 배가 고파서 그런지 오줌을 싸서 기저귀가 젖어서 그런지 눈으로 보듯 알아차릴 수 있습니다. 이것이 바로 '소리를 보는 것'이라고 말할 수 있습니다.

다른 사람의 귀에는 아이의 울음소리가 그저 울음소리로밖에 안 들리지만, 아이의 엄마는 아이의 울음소리로 눈에 보이지 않는 것을 볼 수 있는 훌륭한 기능을 갖추고 있습니다. 그것은 아이와 더불어 괴로움과 아픔을 같이 하는 자비의 마음이 있기 때문이며 바로 이 마음이 보이지 않는 것을 보여 주는 것입니다.

여기서 사물을 관찰하는 관찰지(觀察智)라는 지혜가 있는 것을 알 수 있습니다. 그리고 이 관(觀) 자에는 숭배한다는 뜻도 있습니다.

관광이란 말은 본래 다른 나라의 뛰어난 제도나 문물을 시찰하는 것이므로 그 저변에는 빛을 숭배하는 경건한 감정이 흐르고 있음을 짐작할 수 있습니다.

들려오는 대로
무심코 듣고 있노라니
나 자신이었다
처마 밑 물방울 소리

어느 여름의 비오는 날 - 추녀 밑으로 떨어지는 낙숫물 소리를 듣습니다. 아무런 잡념도 없이 무심코 들으면 그것은 다른 사람이

나 또는 나와 무관한 일이 아닌 나 자신이라고 이렇게 읊은 선사가 있습니다.

14세기의 어느 저명한 학자도 처마에서 떨어지는 낙수를 다음과 같이 읊었습니다.

귀로 보고 눈으로 듣는다면
의심할 바 없다
저절로 되는 처마의 낙숫물

귀는 듣기만 하는 것이며 눈은 보기만 하는 것으로 생각하는 한, 인간의 사색의 세계는 좁아질 뿐입니다. 향기를 코로만 맡고 있어서는 향의 이름을 알 길이 없다고 합니다.

사람의 말소리도 그렇습니다. 귀로 듣는 것만으로는 불충분합니다. 흔히 있는 일이지만 다른 사람에게 자기 자녀를 소개할 경우, 그 부모는 대개,

"이 애는 머리가 안 좋아요."

"누굴 닮아서 그런지 미련해요."

하고 깎아 내리는 일이 많습니다. 그러나 이 경우, 아이들이 조금도 그 부모의 말에 분개하지 않는 것은,

"우리 부모는 나를 피와 살처럼 사랑하고 아껴 준다."

는 사실을 누구보다도 잘 알고 있기 때문입니다.

우리의 귀는 듣기만 하는 것이 아니라, 충분히 보는 기능의 활동을 다 하고 있습니다. 부모의 얼굴을 보는 아이들의 눈에는 내 자식을 위해서 노심초사하는 부모님의 사랑이 절실하게 울려오는 소리가 들리는 것입니다.

조금도 의심할 필요가 없이 있는 그대로 듣고, 보는 그대로 순수하게 받아들일 수 있는 것입니다.

이 경우 아이는 부모가 하는 말을 판단하는 것이 아니라, 부모의 애정을 틀림없이 정확하게 알고, 그 발언을 이해하는 것입니다.

이것이 음성을 보는 관, 즉 관음의 정신적 활동이며, 관(觀) 자에 붙는다 · 포착한다 · 파악한다는 의미가 깃들어 있는 연유인 것입니다.

이렇게 언어와 문자를 통해서 사상을 이해하는 것이 아니라, 사상을 먼저 붙잡아 파악하고, 그 다음에 언어와 문자를 해석하는 것이 소리를 보는, 즉 관음의 활동인 것입니다.

선(禪)에서는 그것을 불립문자라고도 말합니다. 즉 말에 의하지 않고 마음에서 마음으로 불도를 전하고 깨닫는다는 뜻입니다. 그것은 문자나 언어가 필요 없다고 하는 것이 아닙니다. 문자와 언어의 개념에 묶여서 자유로이 이해할 수 없게 되는 것을 배제하는 것입니다.

이 속박에서 해방되어 비로소 문자와 언어에 새로운 숨결을 불어 넣어 생생한 자유를 갖게 하는 것이 불립문자의 의미입니다.

이 불립문자를 상징하는 것을 다름 아닌 관음이라고 말할 수 있습니다.

이렇게 풀어 보면 현장이 관세음보살을, 관자재보살이라고 번역하고, 자재(自在) - 자유에 역점을 둔 의도가 충분히 이해될 수 있으리라 믿습니다. 소리를 본다고 했을 경우, 귀는 부정되고 있습니다. 들으려고 하지도 않았건만, 보여 오는 곳에 참으로 나타나게 됩니다.

자칫하면 우리는 보이는 것만이 존재하는 사실이며, 보이지 않는 것은 존재하지 않는다고 단정하기 쉽습니다. 그러한 생각 이외에 눈에 보이는 것은, 눈에 보이지 않는 것이 나타난 것이라고 하는 인식이 필요하게 됩니다.

자기의 불행을 넘어 남의 행복을 바라는 것

선천적으로 앞을 보지 못하는 불행한 사람들이 있습니다. 그들 중에서 근래에는 안마사로 취업을 하는 경우가 많습니다. 이들 실명한 안마사들은 대체로 불우한 사람들입니다.

이런 불우한 인생을 극복하며 살아가는 한 여자 안마사가 있습니다. 그녀는 성격이 명랑하고 이야기하는 것을 좋아하기 때문에 언제든지 웃으면서 안마를 해 주었다고 합니다. 어느날 안마를

하면서 그녀는,

"우리 집 현관에 형광등을 하나 달았어요."

하면서 즐거운 표정으로 이야기를 했다는 것입니다. 눈도 멀었으며 게다가 혼자 사는 그녀가 적지 않은 공사비를 들여서 넓지도 않은 집의 현관에 형광등을 단 이유는 무엇이겠습니까?

"나는 방 안에 켜진 한 등 만으로 충분하지만, 집 안과 밖은 그것만으로는 어두워요. 우리 집과 앞의 골목길은 버스를 타러 나가는 지름길이 돼서 지나다니는 사람들이 많아요. 이 길이 어두우면 많은 사람들이 불편을 겪어야 하기 때문에 형광등을 달았어요."

그녀의 말이었습니다. 오래도록 그것을 생각해 온 끝에 적은 수입을 아껴 쓰고 절약해서 저축을 했고, 그래서 많은 사람들이 밝은 길을 지나다닐 수 있도록 현관에 가로등을 달았다는 것이었습니다.

경우에 따라서 인간은 자신이 지은 죄업을 갚기 위해 선행을 하는 사람이 있습니다. 물론 그것도 거룩한 일이며 소중한 일입니다.

그러나 별로 죄 닦음이 없는 이 안마사가, 앞을 못 본다고 하는 커다란 불행을 안고 살아가지 않으면 안 되는 데도 전혀 어두운 그림자를 보이지 않고 자신의 불행을 극복하고 넘어서서 다른 사람들의 행복을 바라고 남을 위해 도움이 되는 길을 택해서, 적극적으로 살아가는 모습은 거룩한 일이 아닐 수 없습니다. 우리는 바로 이 사례에서 관세음보살의 마음이 있다는 것을 배울 수 있습니다.

다음으로 보살(菩薩)은 보리살타(菩提薩埵)를 줄인 말입니다. 그것은 깊은 깨달음을 구하는 사람이란 뜻입니다. 그렇다고 해서 특별히 선택된 사람은 아니며, 누구든지 마음의 눈을 뜨고자 서원(誓願)을 세우면 바로 그 사람이 보살입니다.

일단 서원을 세우고 나면 자신의 완성보다는 먼저 다른 사람에게 좋게 해 주는 일을 해야 합니다. 앞에서 나왔던 보타락산(補陀落山)의 이야기 가운데 이 뜻이 잘 나타나 있습니다.

여기에 이르면 관자재보살이 다른 사람의 행복을 우선적으로 생각하는 수행자라는 것을 알 수 있습니다.

(2) 참된 지식을 발견하자

인간완성을 위한 6가지 덕목(德目)

18세기의 고명한 한 선사는 "관음이란 다름 아닌 그대 자신이다"
- 관음이란 높은 곳에 있는 자기 이외의 존재로 알아서는 안
된다. 당신 자신이 바로 관음이다 - 이렇게 단언하고 있습니다.
관음이란 다른 사람이 아니라는 사실을 명심해야 하겠습니다.
진리를 구해서 찾아나선 우리 자신에 지나지 않음을 알아야 합니다.
거울을 보는 것이 자신의 모습을 만나게 되는 일인 것과 마찬가
지로, 다름 아닌 두 손을 모아 합장하고, 관음을 숭배하는 것이
자신의 참 마음을 만나게 되는 것입니다.

심반야바라밀다(深般若波羅蜜多) - 깊은 반야바라밀다 - 라고
되어 있습니다. 여기서 깊다는 것은 무엇을 의미하는 것입니까?
그것은 경의 제목에 들어 있는 마하(摩訶)가 다른 것과 비교했을
때의 큰 것이 아닌 것과 같이 깊다는 것도 얕다는 것과의 대비에서
온 말이 아니며, 사물을 바르게 보기 위한 공(空)의 입장에 철저히

들어가 있음을 뜻하는 것입니다.

철저한 공의 입장에 들어가 있다는 것은, 앞에서 두 개의 볼록렌즈의 예를 통하여 이미 본 바 있습니다. 첫째, 렌즈의 투시만으로는 단순한 허무감에 지나지 않으며, 둘째, 렌즈를 투과한 풍광 - 현실을 있는 그대로 받아 세우고 그곳에서 공을 똑바로 보는 것이 심반야바라밀다입니다.

그 경지를 범어(梵語)에 현대어로 번역하면 심원한 지혜의 완성을 행할 때라고 표현할 수 있습니다.

구체적으로 인간이 인간으로서 완성되기 위해서 실천하지 않으면 안 되는 육바라밀(六波羅蜜)을 실제로 수행하는 것입니다. 이 육바라밀은 단독으로 되어 있는 것이 아니며 서로 저마다 표리일체(表裏一體)가 되어 상관관계를 맺고 있습니다.

그 첫째가 보시(布施)입니다.

지금은 이 보시의 해석도 잘못 쓰이고 있지만, 우리는 이 뜻을 정말로 바르게 알아야 합니다. 보(布)는 땅에 스며드는 것과 같이 끝없이 넓게 스며들어 가는 것입니다.

시(施)는 흔히 쓰이듯 베풀어 준다는 복지적(福祉的)인 행위가 아니며, 감사하는 마음으로 사회에 대한 답례로서 되돌려 바치는 행위입니다.

사람이 참된 인간이 되기 위한 가장 첫 번째 수행을 목적으로 하는 소원은 모든 사람을 행복하게 하는 것이지만, 처음부터 무한을 생각하면 너무나도 까마득한 일이 되어 버립니다. 먼저 자기 주변의 가까운 사람, 한 사람을 택해서 정성을 바치는 것부터 확실하게 실천할 수 있도록 시작하면 되는 것입니다. 이것이 참된 보시의 마음입니다.

이와 같이 가까운 곳에서 택한 한 사람을 위해, 자신이 할 수 있는 모든 정성을 다해 바치는 보시의 마음이, 사회생활을 해나가는 데 있어서도 또 자신이 이 세상을 살아가는 보람과 가치를 실현하기 위해서도 지극히 소중한 것입니다. 그러나 우리는 그것을 잘 알고 있으면서도 좀처럼 실천하기가 어렵기 때문에 그것을 추진하는 원리가 되는 것인 둘째 항목의 '지계(持戒)'-계율을 갖는다는 것입니다.

계(戒)는 사람에게 무엇이든지 좋게 해 주어야 한다. 불친절하게 해서는 안 된다. 이와같이 삼가고 조심하는 근신(謹愼)입니다.

그리고 좋은 일은 부지런히 해야 하며 나쁜 일은 피해야만 한다는 타이름이며 훈계이기도 합니다.

이것은 사람이 살아가는 기준이므로 율(律)이라고 하며 계율이라고도 합니다. 그러나 부담스럽게 생각할 것은 없습니다. 율은 리듬이므로, 인간생활은 알맞은 리듬이 있어야 한다는 뜻으로 받아들일 수 있습니다.

인간으로서 바람직한 일을 열심히 하고, 바람직하지 못한 일에서 떠날 수 있는 리듬을 유지해 나가는 곳에서 즐거운 생활이 이루어지기 때문입니다.

그러나 이 즐거운 리듬을 탈 수 없는 곳에 인간의 고민이 있는 것입니다. 도덕이나 법률만으로는 사람답게 살아가지 못하는 약점을 거의 모든 인간은 지니고 있습니다. 알고 있으면서도 그것을 못 하는 것이 그것이며, 또 살기 위한 이른바 필요악이란 것도 그것이 아니겠습니까?

그래서 계에는 삼가함과 훈계함과 같이 가르침의 뜻도 포함되어 있습니다.

악인의 마음속에도 불당(佛堂)이 있다

인간완성을 위한 세 번째 목적은 인욕(忍辱)이며, 온갖 수모와 박해를 잘 견디고 참는 인내를 말합니다.

앞에서 두 번째의 율(律)을 간직하고자 한다면, 먼저 자신의 안팎에서 일어나는 유혹에 잘 견디고 이겨내야 합니다.

불교의 인(忍)은 세상에서 흔히 말하고 있는 것처럼 이를 악물고, 그렇게 하는 것이 자신의 운명이라고 생각하면서 참을 수 없는 것을 참는 것이 진짜 참음이라고 믿거나 체념하는 그런 것이 결코 아닙니다.

사람은 서로 사랑해야 하며 아껴 주어야 한다는 인간의 도리를 잘 알면서도 자칫하면 서로 미워하는 경우가 흔히 있음을 잘 알고 있습니다. 이 흐트러진 리듬의 깊은 밑바닥에는 결코 흐트러지는 일이 없는 마음이 있다는 것을 굳게 믿는 것이 '인(忍)'입니다.

한 나라의 임금을 귀의(歸依)케 한, 14세기의 어떤 큰 스님이 있었습니다. 이 큰 스님이 여행 중, 타고 가던 배 안에서 어느 무뢰한으로부터 행패를 당해 이마가 터지고 유혈이 낭자하게 됐습니다.

곁에 있던 제자가 일어서서 달려드는 것을 막으면서, 이 큰 스님은,

"때리는 사람이나 맞는 사람이나 모두 다 다만 한 순간의 꿈결에 빚어지는 장난인 것이니라."

하고, 한 수의 시를 적어서 보였다고 합니다. 때리는 사람과 맞는 사람, 미워하는 사람과 미움을 받는 사람의 알고도 모를 실로 불가사의한 슬픈 만남이지만, 다만 한 순간 까닭 없이 바람도 안 부는데 물결치고 지나가는 파도와도 같은 것입니다. 실로 허망한 아무 근거도 없는 일입니다. 사랑과 미움이 물결치는 밑바닥에는 세속적인 사랑이나 미움으로는, 움직일 수 없는, 참된 인간의 깊은 마음이 있는 것입니다. 서로 속히 얄팍한 현실의 꿈에서 깨어나자 - 고 하는 뜻이 아니겠습니까?

13세기에 정토진종(淨土眞宗)을 열었던 개조(開祖)가 유배를 당했을 때의 일입니다.

118

어느 비 오는 날 밤에 하룻밤 머물러 가기를 청했던 어부의 집에서 거절을 당하고 귀찮게 여긴 어부가 끼얹은 더러운 물까지 둘러쓰게 됐습니다.

그러나 이 성인 일행은 새벽녘 뼈를 깎을 듯한 강한 바람이 휘몰아치는 그 집 문간 차양 아래서 서로 끌어안고 호된 추위를 견디면서 그 어부를 위해 열심히 염불을 하고 있었습니다.

이 스님들의 염불소리에 잠이 깨어 일어난 어부는 비로소 자기가 한 일을 후회하면서 깊이 사과하지 않을 수 없게 되었다고 합니다.

성인은 그를 책망하지 않고,

"아무리 나쁜 사람이라 해도 그 마음속에는 반드시 좋은 것이 있습니다. 부처님은 그 마음을 스스로 찾아서 갖도록 해 주는 것입니다."

하며 간곡한 마음으로 그를 타이르고 격려해 주었다는 이야기가 전해지고 있습니다. 성인은 자기를 미워하는 사람의 마음속에서 불당을 발견했던 것입니다.

사람에게는 날마다 평안하고 크게 기쁜 일만 있으라는 법이 없습니다. 고민도 많고 번뇌도 있습니다. 이것을 미리 각오하여 순수한 마음으로 받아들이면서 모든 것이 공(空)임을 바로 보는[관(觀)] 눈을 뜨게 될 때, 그 바람직하지 못한 나쁜 조건 덕분에 자기 자신이 충족되어 가는 것을 알 수 있게 됩니다. 그것이 인(忍)을 실천하는 사람의 기쁨인 것입니다.

세상은 마음먹은 대로 되는 것이 아닙니다. 뜻대로 되는 것은 진실한 의미의 인생이 아닙니다.

이쪽의 호의가 통하지 않을 뿐만 아니라, 악의가 돼서 되돌아오는 경우마저도 있는 것입니다. 선의의 노력이 선으로서 보답받지 못하고, 선의의 노력이 끝내 이루어지지 못하는 안타까움과, 노력이 헛되어지는 슬픔을 우리는 살아있는 한, 맛보지 않을 수 없는 것입니다.

석존(釋尊)은 당신과 나의 마음의 밭을 갈고 있다

네 번째 항목이 정진(精進)입니다. 한마디로 부지런히 노력하는 것입니다. 특히 자기 자신을 건설하는 노력에 한정합니다.

석존의 인생관은 이 정진의 두 글자로 다하는 것 같습니다. 80세로 이 세상을 떠날 때, 최후의 설법도 이런 말씀이었습니다.

"여러분, 진심으로 정성껏 노력하는 정진이 있기를 바랍니다.

일체의 만물은 쉴 새 없이 변천하며 태어나고 죽고 생겨나고 없어지고, 죽어서 다시 태어나며, 없어진 것이 다시 생겨나는 전변무상의, 바뀌며 흐르는 순간에 비치는 모습이기 때문입니다."

이와 같이 우리가 눈앞에 당장 보고 있는 상황, 그 다음에 오는 상황을 미리 예상하는 그것을 묵묵히 꿰뚫어 보는 것입니다.

철저하게 공(空)을 찾고 그것을 인정하는 무상관(無常觀)의 지혜로 인생의 참 뜻을 받아들이는 것입니다.

석존은 생활을 위해서 열심히 일하는 근면도 중요하지만 참된 인간의 길을 찾는 마음을 일으키지 못하는 사람을 게으른 인간으로서 엄히 꾸짖고 있습니다.

앞에서 나온 보시(布施)·지계(持戒)·인욕(忍辱)의 세 항목도 이 무상관이 바탕이 되어서 비로소 모든 일에 열심히 노력하고자 하는 마음이 우러나오는 것입니다. 무상관이란 고정관념의 부정입니다. 모든 것이 움직이고 있으며 변하고 있기 때문에, 그런 의미에서 모든 것이 살아 있는 것입니다.

석존이 제자를 데리고 부처의 길을 전하는 긴 여행길을 가고 있었습니다. 석가 일행과 스치고 지나게 된 한 농부가,

"수행자들이여, 지금은 농번기로 몹시 바쁜 계절이오. 당신들도 논밭을 가는 일을 조금 도우면 어떻겠습니까?"

하면서 비난의 눈초리로 힐난하는 것이었습니다. 그러나 석존이 평소와 같이 조용한 미소를 띠우며,

"나도 논밭을 갈고 있습니다."

"농구도 없이 어떻게 무엇을 간다는 말이오?"

하면서 핀잔을 주었습니다. 석가는 오른편 손을 농부의 가슴에 대고 왼쪽 손을 자신의 가슴에 대면서 이렇게 대답했습니다.

"나는 이곳을 갈고 있습니다. 마음의 밭도 방치해 두면 땅이

굳어서 단단해지고 잡초가 돋아나게 될 것입니다. 끊임없이 가르침을 들어서, 마음을 부드럽게 하고, 가르침을 순수하게 받아들이고 믿는 씨를 뿌려야 합니다. 지혜의 거름을 주어서 꽃이 피게 하고, 사람들이 행복하게 되는 자비의 과일이 열매 맺도록 당신과 나의 마음의 밭을 갈고 가꾸어 나가고 있는 것입니다….”

여래(如來)란 말은 부처를 가리키는 칭호의 하나이며 최고의 안전이란 의미이며, 독일의 불교철학자 르만 베크는 여래를 문화인격자로 번역하고 있습니다.

문화(culture)의 어의는 갈고 가꾸는 것이므로, 문화인이란 갈고 가꾸는 사람이 됩니다. 그래서 여래란 말은 마음의 밭을 갈고 가꾸는 일에 정진하는 사람이 되는 것입니다.

다섯 번째 항목은 선정(禪定)입니다.

선(禪)은 디야나(Dyana)의 발음을 소리나는 대로 옮겨 쓴 것이며, 정(定)은 그 의미입니다. 단어의 발음과 의미를 합친 번역어는, 중국에만 있는 독자적인 번역법이며, 의미인 정은 '마음을 안정시키는 것'입니다.

깊고 그윽한 가운데 마음을 가라앉히고 안심한 상태로서 앉아서 선을 행하는 좌선과 통합니다.

좌선을 즐겨 그 안에서 삶의 보람을 찾았던 한 왕이,

“이 한 밤을 새우는 창가에 등불, 깊어가는 밤을 따라 곰곰이 잠기면 그림자도 고요하고 나도 고요한 것을….”

이렇게 조용히 가라앉은 마음의 경지를 적어서 남기고 있습니다. 드디어 다 타서 꺼지려고 하는 등불의 불빛은 희미하고 고요할 뿐입니다.

그 아래 단정히 앉아 있는 나도 또한 조용히(곰곰이, 잠기면) 이 등불이 다하는 것과, 내 그림자의 깊이의 두 곳에 걸쳐 있습니다. 이와 같은 고요함이 현대인에게는 특히 필요한 것이 아닐 수 없습니다.

제1장에서 말한 것과 같이 파도와 바다 속의 물과는 별개의 것이 아닙니다. 다만 물결을 잔잔하게 가라앉히면 되는 것입니다.

고요한 수면을 보고 있으면서 이 수면도 어느 날엔가는 물결치리라. 또 파도가 높게 일고 있는 수면을 보면서, 이 거칠게 뛰놀고 넘실거리는 것은 언제나 그런 모습이 아니라는 것을 알아야 하겠습니다.

바람이 잠잠해지면 거울처럼 맑고 고요해지는 것이고, 그 밑바닥에는 움직임이 하나 없는 고요하기 그지없는 바다 속이 있다는 것을 볼 수 있습니다. 그 보이는 것이 곧 반야의 지혜였습니다.

어느 선사는 "아직 일지 않는 파도 소리가 고여 있는 물 위에 있느니라. 이것을 마음으로 들어라"고 노래하고 있습니다.

물결도 일지 않고 있는 잔잔한 수면 위에 머지않아 일어날 노한 파도소리를 마음으로 들으라는 것입니다. 현실의 상태 가운데 숨어 있는 것이 있음을 알라고 하는 것이, 귀로 보고 눈으로 들으라는 말입니다.

그것이 관음의 현실에 사는 활동이며 능력과 기능을 발휘하는 실천입니다. 바쁘게 뛰어다닐 때에도 마음의 밑바닥에는 고요가 깃들어 있어야 합니다.

평소 차분하고 가라앉은 상태로 있다가도 언젠가 감정의 물결이 고조될 때가 있을 것을 미리 생각하면서, 스스로 생각해 보아도 그렇지 않으리라고 보장할 수 없는 추태가 있음을 바라보는 것이 선정(禪定)의 기능적 활동입니다.

성불(成佛)이란 또 하나의 자신에 눈 뜨는 것

인간이 참된 인간이 되는, 다시 말해 인간이 인간으로서 완성되기 위해서 실천을 필요로 하는 육바라밀(六波羅蜜)의 최후의 것이 지혜입니다.

인간으로 완성되기 위해서 노력하는 사람을 보살이라고 합니다. 인간은 본디 존엄한 인간성을 지니고 있으면서도 그것을 자각하지 못하고 있습니다.

이 인간성에 눈뜨게 되는 것을 성불이라고 합니다. 성불이란 인간이 참다운 인간이 된다는 것을 가리키는 말입니다.

이 세상 사람들은 한 사람도 빠짐없이 모두 부처가 될 수 있는 가능성을 지니고 있습니다. 그러나 전 인류가 모두 성불하게 되는 날은 아마도 영원히 없을 것입니다. 그럼에도 불구하고 그것을 바라지 않을 수 없다는 사실 가운데 이 염원의 영원성이 있습니다.

파스칼은 인간은 '생각하는 갈대'라고 말하고 있지만, 생각한다고 하는 것의 밑바닥에 사랑하는 마음이 없다면 그 생각이 결코 지혜가 될 수는 없습니다.

말, 즉 말씀을 사랑하는 사람은 말을 깊이 생각해서 합니다. 사람을 사랑하는 사람은 사람을 깊이 생각해서 씁니다. 자신을 사랑하고 자신의 인생을 사랑하는 사람은 자신을 생각하고 인생을 생각합니다. 그 속에 지혜가 싹트는 것입니다. 지혜의 뒷받침이 되어 있는 사랑이 자비입니다.

불가능하다고 알고 있으면서도 마음속 깊이 그것을 염원하지 않을 수 없는 것이 자비입니다.

모든 의사들이 고칠 수 없는 병으로 포기를 하고, 자기 자신마저도 절망적인 것으로 알고 있으면서도 죽음이 임박한 내 자식을 기어이 무슨 수를 써서라도 살려내고 싶어서 정성을 다해 그것을 염원하지 않을 수 없는 것이 부모의 자비입니다.

절망이 인간의 힘으로 어찌할 수 없는 확정적인 사실로서 종지부가 찍혀졌을 때에, '인생이란 무엇인가?'하는 지혜가 싹트게 됩니다.

그것이 받아들여질 가망성은 천에 하나도 없지만 살아있는 한 그것을 염원하지 않을 수 없는 것입니다. 염원하지 않을 수 없지만 영구히 그것을 받아들여지는 일은 없습니다.

그래도 그것을 하늘 끝까지라도 찾아가지 않고는 못 배기는 그 염원의 저변에는 자비가 있기 때문입니다. 오직 내 자식이나 나의 부모라고 하는 작은 범위를 벗어나 모든 사람의 행복을 염원하는 커다란 자비를 가리켜 부처의 자비라고 하는 것입니다.

자비는 단순한 이상이 아닙니다. 보살은 영원한 노력자라는 뜻입니다.

우리에게 깊고도 깊은 교훈을 안겨 준 선사가 있었습니다. "영원한 것을 찾아서 영원히 노력하는 사람을 보살이라고 한다." 그리고 "구하면 구할수록, 보살로의 길은 더욱더 멀어진다. 하지만 우리는 이 길을 가는 것이다." 이렇게 말하고 있습니다.

진실로 옳은 말입니다.

드디어 여기에서 아득한 무한의 저편을 바라보며 나아가는 위대한 지혜의 눈이 열려오는 것입니다.

육바라밀의 여섯째인 '지혜'는, 그 원어가 '반야'입니다. 따라서 심경의 '심반야(心般若)를 행한다'는 것은 제6항만을 가리키는 것처럼 보일 수도 있으나 심반야는 위의 육바라밀의 대소와 경중의 구별 없이 때와 장소와 상황에 맞추어 주격(主格)이 되고 조언자가 되면서 일체를 이루어 나간다고 하는 뜻입니다.

그러므로 심반야는 심보시·심지계·심인욕·심정진·심선

126

정의 의미까지를 포괄하고 있는 것입니다.

지혜에 대해서는 앞에서 이미 말한 바와 같이 자기 자체, 혹은 자기 안에 내재하는 것을 배우는 최고의 인식을 말하는 것입니다.

그것을 구체적으로 말하면 모든 존재의 원점은 공(空)이라는 것을 인식하고 이해할 수 있는 지혜를 말하는 것으로서 지식과는 전혀 차원이 다른 인식임을 재확인해야 하겠습니다.

반야심경은 이 반야의 지혜가 주역이 되고, 다른 다섯 가지의 바라밀이 찬조 출연과 같은 위치에 있다고 보아야 하겠습니다.

영국의 문명비평가 허버트 리드도 "지혜는 이성과 로맨티시즘 (본능·직관·상상력, 그리고 환상·환각을 포함한 말)과의 사이에서 흔들리고 움직이면서 그 사이에 조화와 균형이 잡히는 장소를 찾아내는 자석의 바늘과도 같은 것"이라고 했습니다.

지혜는 자석의 바늘과도 같은 것이라고 지적한 점은 참으로 의미심장한 발언이 아닐 수 없습니다.

원래부터 우리는 인간을 인간답게 하는 존엄한 인간성을 자기 안에 지니고 있으면서도 그것을 느끼지 못하고, 방황하면서 괴로워하고 있는 것입니다.

이것은 이해할 수 없는 일이라고 하겠지만, 그렇기 때문에 인간이라고 할 수 있습니다. 이것은 망상과 집착에서 오는 것이라고 보아야 하겠습니다.

진실이 아닌 것을 진실인 것처럼 오해하는 것이 망상이며 정신

활동을 낭비하는 것입니다.

집착은 무언가에 마음이 사로잡혀, 특히 자기 자신의 이해에만 밀착되어 움직일 수 없게 된 상태입니다. 이 두 가지만큼 사람의 정신을 침체시키고 부패시키는 것은 없습니다.

망상과 집착은 다 같이 마음이 병든 상태입니다. 그것을 건강하게 하기 위해서는, 자기 자신을 틀어잡고 꽉 붙들고 놓지 않는 마음의 상태를 풀어헤치고 누그러뜨리는 데 노력해야 하기 때문에 특히 지혜가 중요한 구실을 하게 되는 것입니다.

과학을 추진하는 현대인의 힘은 높이 평가되고 있습니다. 그러나 그 이상으로 인간이 자기 자신을 망상이나 집착에서 풀어헤치고 나오게 하며 진실한 인간다운 모습을 찾게 하는, 원동력의 지혜를 태어나면서부터 갖추고 있다는 사실은 더욱더 위대한 것으로 평가되어야 할 일입니다. 그럼에도 현실에 있어서는 이 점에 무의식과 무감각의 상태가 있음을 보게 되는 것은 슬픈 일이 아닐 수 없습니다.

지혜가 이유도 없이 병들고 있다

우리의 마음속은 욕망과 감정대로 흔들리고 움직이는 일상적인 자아와 그것에 호소하여 바로 서 주기를 요구하는 본질적인 자기의 두 사람이 살고 있는, 즉 동행하는 두 사람의 상태입니다. 그런데도 불구하고 대부분의 경우는 가장 소중한 본질적인 자신을 잃어버리고, 일상적인 자아만이 사실상의 자신이라고 생각해 버리는 것입니다.

더욱 좋지 않은 것은 그것을 고집하고 집착해서 자아중독에 걸려 있기 때문에, 본질인 자신의 존귀함을 전혀 느끼지 못하고 있는 것입니다.

이와 같은 상태에서는 다른 사람의 인격이 얼마나 존귀한 것인가를 알 까닭이 없습니다. 한 쌍을 이루고 있는 쌍 가운데 한 편인, 본질적인 자기를 마음속 깊이 파묻어 버리고 외로운 혼자만의 여행을 하고 있는 것이 현실입니다.

마음속 깊이 들어 있는 지혜가 무슨 까닭에 병들어 앓아눕는 일이 있겠습니까? 그러나 이런 경우, 분명히 병들 이유가 없는 지혜가 병을 앓아누워 있는 것과 같은 상태에 놓여 있는 것입니다.

자아가 밉고, 누구에게도 환영 받을 수 없는 폭력을 지니고 있다는 사실 때문에 자신에 대해서 스스로 정 떨어지는 생각은 누구에게나 있습니다. 그러나 이 자아에 대해서 끊임없이 일깨워 주는, 자신 가운데 또 한 사람의 자신, 본질적(또는 본래적)인 자신, 참된 자신에 눈 뜨게 되어야 합니다.

참된 자신의 지혜를 개발해야만, '두 사람의 나'의 대화가 가능하게 됩니다. 이 대화가 수없이 이루어지는 사람의 인생은 그 인생으로서의 나그네 길이 행복한 것이며, 이 사람이야말로 자기 안에 깊숙이 자리잡고 들어 있는 인간의 존엄성에 눈을 뜬, 자각된 지혜를 지닌 참 지혜의 인간인 것입니다.

무슨 일이 있을 때마다 울기도 하고 웃기도 하는 감성적인 일상생활에 있어서의 나, 즉 자아와 그것을 일깨워주는 본래의 자기가 있습니다. 이 동행하는 두 사람은 때로는 나란히 걷기도 하고 때로는 앞서거나 뒤에 처질 수도 있습니다.

그것이 더 나아가면 그림자와 형태가 서로 한 곳으로 겹쳐서 마침내 한 사람의 인격처럼 되어서 일상적인 하루하루를 살아가게 됩니다. 이것이 참된 삶의 길입니다.

현대인은 소중한 본질적인 자기부재(自己不在)로 일상적인 자아 혼자만이 외톨박이가 되어 외롭게 살아가고 있습니다. 외톨박이인 까닭에 외로우며, 고독한 자신을 느끼는 것이 두렵기 때문에, 유행과 조직 속에 몸을 숨기고자 초조해지는 것입니다.

어떤 시인의 말에 '기침을 해도, 재채기를 해도, 외롭게 나 홀로'라는 구절이 있습니다. 외롭고 쓸쓸해서 견딜 수 없는 것을 느끼는 것은, 그 자신을 바라보고 있는 또 한 사람의 자신을 보는 지혜의 눈이 어둡기 때문인 것입니다.

이 마음이 부처의 생명이며, 참된 자신의 마음이며 다 같이 영원의 진실입니다. 하지만 마치 신들린 사람처럼 되는 것을 꺼려서, 옛 중국의 사언(師彦)이라고 하는 스님은 자신을 주인공이라고 부르기로 하고, 매일 좌선을 하고는 "주인공!"이라 부르고, 자신이 대신해서 "예!"하고 대답을 하면서 대화를 계속했던 것입니다.

"주인공"하고 부르는 것도 자신이라면 "예"하고 대답하는 것도 똑같이 자신이었습니다.

그러나 대답하는 쪽의 자신은 본래적 자기이며, 부르는 쪽의 자신은 감성적 자아로서, 이 두 사람이 동거하고 있는 것입니다.

평범한 사람인 범부(凡夫)와 이상인(理想人)일 수밖에 없는 부처가 같이 살고 있기 때문에 불범동거(佛凡同居)라고 합니다.

이 사실을 느낄 줄 모르는 현대인은 감성적·일상적인 자아의 외톨박이 생활로 착각이라기보다는 뒤엎어 생각해서 자신은 고독하다고 그릇된 생각을 하고 있는 것입니다. 다른 사람과의 단절(斷絶)을 탄식하기에 앞서 먼저 자기 자신과 만나는 기회를 자신이 자청해서 피하고 있다는 사실, 그 어리석음을 슬퍼해야 하지 않겠습니까?

거울 속에 내가 있다

문단에서 이름을 날리고 있는 어떤 시인의 어린 시절, 초등학교 6학년 때에 발표한 시 한 구절을 인용해 봅니다.

거울 속에 내가 있다
나의 눈에 내가 있다
화났을 때에도 슬플 때에도
자연스럽게 방긋방긋 웃으며 다가오는
거울 속의 내가
나에게 무엇인가 이야기해 본다
그러면 나는 순박하게 된다…
거울 속에 내가 있다
나의 안에 내가 있다.

이 소년의 천진한 시 가운데, 감성적인 자아와 본질적인 자기의 두 사람이 같이 가는 동행이인으로서 인생의 나그네 길을 가는 모습과 두 사람의 '나'의 대화를 느낄 수 있습니다.

이 작가의 시는 모두 '나'라고 하는 한 자로 씌어 있습니다. 그러나 구별해서 이해할 수 있도록 알기 쉽게 하기 위해 실물 원작자 자신을 말할 때에 나를 쓰고, 거울에 비치는 이 소년의 모습을 '내' 라고 해서 표현하고 있습니다. 따라서 '나'는 감성적인 자아를, 거울에 비친 '내'는 나에 대해 본질적인 자기를 나타내는 의미로 쓰고 있습니다.

거울 속의 내가 나에 대해서 무언가 이야기를 걸어오고 있다는 데 대해서는 누구나 경험이 있을 줄로 믿습니다.

감정이 격했을 때에 거울을 보면, 자기가 생각해 보아도 너무나 천박해 보이는 나 자신의 모습인 것입니다. 그것을 바라보고 있으면 또 한 사람, 나의 목소리가 들려옵니다. 이 시를 쓴 소년은 "그러면 내 자신은 순박하게 된다"고 고백하고 있습니다.

이 점이 중요한 것입니다.

끝 부분의 두 줄 - "거울 속에 내가 있다. 나의 안에 내가 있다" - 이 안에 털끝만큼도 재주부리지 않은 진실이 표현되어 있습니다.

(3) 싹이 트고 꽃이 피면

모인 것은 반드시 흩어진다

조견 오온개공 도일체고액(照見 五蘊皆空 度一切苦厄)

앞 절의 심반야바라밀다를 행하는 때가 이 조견(照見)에 걸려 있습니다. 이때를 가볍게 생각해서는 안 될 것입니다. 그것은 시간적인 점, 즉 시점(時點)만을 의미하는 것이 아니며, 심반야바라밀다를 행할 때는 '어디서나'라고 하는 장소도 포함되어 있기 때문입니다.

언제 어디서라고 하는 시간과 공간을 포괄한 그런 의미에서 시(時)·공(空)을 초월한 영원의 의미가 담겨 있는 것입니다. 그래서 다음의 조견에 이어지는 것입니다.

여기서 오온(五蘊)이라고 하는 말이 나옵니다. 온(蘊)은 스칸다프의 역어로서 활동을 하면서 모여 있는 것이란 뜻입니다. 모든 존재하는 것은 다섯 가지와 각각 독자적인 활동을 하면서 한 곳에 모여서 임시로 쌓아올린 가적(假積) 상태에 지나지 않는, 공(空)적 존재라고 하는 것입니다.

134

예를 들면 인간을 정신과 육체의 둘로 나눌 때, 육체를 색이라고 합니다. 그리고 정신은 수(受)·상(想)·행(行)·식(識)의 네 가지가 모여서 이루어지고 있다는 것입니다. 수(受)는 감각·감정, 상(想)은 개념입니다.

길고 짧고, 크고 작고, 괴롭고 즐겁다는 것은 모두 마음속으로 생각을 떠올려서 알아차리는 작용입니다.

행은 의지의 작용이며 의지활동을 가리킵니다. 식은 대상을 분석하거나 분류해서 인식하는 작용이므로 지식입니다.

이 다섯 가지가 각각 나름대로의 활동을 하면서, 한 곳에 모임으로써 형성되는 것이 인간을 비롯해서 세상에 있는 모든 존재인 것입니다.

그러므로 오온은 존재하는 것의 내용이며, 존재와 같은 뜻의 말이 됩니다. 따라서 "오온이 모두 공(空)"이라고 하면 존재도 모두 공(空)이라는 뜻이 됩니다.

얼핏 보면 확실히 존재하고 있는 무언가가 있는 것 같지만, 사실은 그저 그렇게 보일 뿐이지, 여기서 말한 다섯 가지의 것은 한 파트가 되어 모임으로써 합세되어 있기 때문에 실체는 없습니다.

모였기 때문에 반드시 흩어져 가는 것이며 공(空)이 아닌 존재는 하나도 없다고 하는 것입니다.

꽃잎은 져도 꽃은 지지 않는다

"존재한다는 것은 공(空)이다" - 드디어 공(空)이 등장했습니다. 여기서는 공이 갖는 의미를 생(生)과 사(死)를 중심으로 살펴보고자 합니다.

인생이라는 하나의 삶을 살아감에 있어서는 뜻하지 않은 불행을 만나기도 합니다. 서로가 만날 때 헤어질 것을 예견해야 하듯, 헤어질 때에는 다시 만날 것을 기약해 볼 수 있습니다.

"꽃잎은 져도 꽃은 지지 않는다."

이렇게 인간은 세상을 떠나도 정신만은 영원히 살아갈 수 있는 것입니다. 바로 그것이 조견(照見)이라고 생각합니다.

조견의 원어를 번역한 뜻은 모든 것을 완전히 꿰뚫어 보았다는 의미입니다. 꿰뚫어 봄과 동시에, 지혜의 빛으로 밝게 비추어 보여주는 것입니다.

쓸쓸하고 허전한 사실을 꿰뚫어 보는 것이 제1의 렌즈이며 그 쓸쓸하고 허전한 허무함에서 무언가 진실한 것을 배울 수 있다고 느끼는 것이 제2의 렌즈입니다. 이 두 개의 렌즈로써 비추어 보여지는 것이라고 생각해 봅니다.

'조고각하(照顧脚下)'라는 말이 있습니다. 발 밑을 비추어 돌이켜 보라는 뜻으로서 신발을 가지런히 벗어 놓으라고 말해 주는 것입니다. 그러나 본래는 '자기 자신을 돌이켜 비추어 보라, 부처의 지혜의 빛이 비추어 주는 가운데 자신을 밝게 응시하라'는 뜻입니다.

자신이 비추어 보여지고 있음을 앎과 동시에, 일체의 모든 것을 비추어 보며 가는, 반야의 지혜를 깨닫게 하는 것이 자신과 다른 사람이 구원을 받고 구제되어 가는 진리의 길이며, 기쁨임을 밝혀 열어 보여 준 것이 조견 오온개공(照見 五蘊皆空)의 여섯 글자입니다.

즉, 존재는 공(空)이니, 육신과 물질의 욕망에 사로잡히지 아니하는 눈을 뜨라고 깨우쳐 주는 가르침인 것입니다.

한 마리의 파리도 생명체이다

지금 이 시각에도 세계 모든 나라에서는 새로운 생명이 태어나고 있습니다. 그러나 현대의학의 발전에도 불구하고 경우에 따라서는 인큐베이터 속에서 태어나자마자 죽는 비극적인 생명도 있습니다.

어린 생명을 먼저 떠나보낸 어떤 부모들은 그 공양을 위해서, 흰 매화나무를 심고, 죽은 아기의 이름 그대로 아기매화라고 불렀다는 이야기도 있습니다. 새 싹이 나면 아기매화가 나왔다며 기뻐했고, 꽃이 피면 아기매화가 피었다고 하며 기쁨을 나누었습니다.

어느 날 어린 아들을 잃은 그 부모는 자기의 또 다른 자식에게 이렇게 말했다는 것입니다.

"때리지 말아라, 파리가 팔 다리를 부비며 빌고 있지 않니?"

말을 못하는 식물에서부터 파리와 개구리에게 이르기까지 생명의 접촉을 실감하고 있지 않습니까?

힘이 미치는 곳까지 있는 힘을 다해서 살려고 하는 작은 생물이나, 생명체의 가련한 염원 속에 자신이 서서 외치고 있는 말이라고 하는 것을 명심해야 할 것입니다.

누구나 생명의 허무함을 체험하고 나면, 다른 사람에게 아무런 해도 끼치지 않고, 자기 나름대로 편안히 살고 있는 생명체나 생물을 함부로 다루는 일은 결코 할 수 없게 되는 것입니다.

오온개공(五蘊皆空) - 존재하는 것이 모두 공이라는 가르침을 분명히 떠올릴 수 있게 되는 말이라고 하지 않을 수 없습니다. 오온개공임을 알게 되었을 때 비로소 생명의 존귀함을 뼈 속에 스미도록 느끼게 됩니다.

어린 생명과의 사별에 의해서, 그가 어디에선가 우리의 발 밑을 비추어 주고 있는 것을 배울 수 있었던 것입니다. 그 아기 뒤에서, 부처의 반야의 지혜의 눈이 지켜보고 있어 주기 때문인 것입니다. 그와 같이 가슴으로 받아들이는 커다란 움직임이 우리의 마음속에 묻혀 있기 때문입니다.

조견(照見) - 그것은 비추어 보는 것이며, 빛에 의해서 비추어 보여지고 있는 것입니다. 이곳에 평안히 쉬는 마음의 평화가 있습니다. 모든 괴로움에서 구원을 받는 도일체고액(度一切苦厄)이란 바로 이것을 말하는 것이며 일체의 고액(苦厄 - 괴로움)에서 구함을 받는다는 것은 결코 괴로움이 없어지는 것이 아닙니다.

괴로움 자체는 사실로 있으면서도 그것이 고통스럽지 않게 되는 마음의 평화가 오게 되는 상태를 가리킵니다.

[불보살문] 천수경탑판 (한국/광복 이후)

　탑의 상단에 연화대좌에 앉아 있는 한 구의 여래상이다. 여래의 가슴에는 만(卍)자가 있다. 대의(大衣)안에 손을 넣고 있다. 두광과 신광을 원 테두리로 표현하였다.

제3장
허무함을 본다

- 존재하는 것의 의미 -

"모든 지어진 것은 덧없는 것이다."
이렇게 지혜로써 깨달은 사람은 괴로움을
진실로 느끼지 않아 일마다 그 자취를 깨끗
이 한다.

"모든 지어진 것은 괴로움이다."
이렇게 지혜로써 깨달은 사람은 괴로움을
진실로 느끼지 않아 일마다 그 자취를 깨끗
이 한다.

舍利子 色不異空 空不異色 色卽是空 空卽是色 受想行識
亦復如是

사리자 색불이공 공불이색 색즉시공 공즉시색 수상행식
역부여시

사리자여, 색은 공과 다름이 없으며, 공은 색과 다름이 없다.
색은 즉 이것이 공이며, 공은 즉 이것이 색이다. 수상행식
또한 그와 같은 것이다.

'샤리푸트라'여, 이 세상에 있어서 물질적 현상에는 실체가
없는 것이며, 실체가 없는 까닭에 물질적 현상이며 물질적
현상일 수 있다. 실체가 없다고 하지만 그것은 물질적 현상을
떠나서 있는 것은 아니다. 또 물질적 현상은 실체가 없다고
하는 것을 떠나서 물질적 현상인 것은 아니다. - 대저 물질적
현상이라고 하는 것은 모두 실체가 없는 것이다. 무릇 실체가
없다고 하는 것은 물질적 현상인 것이다. 이와 마찬가지로,
감각도 표상(表象)도 의지도 지식도, 모두 실체가 없는 것이다.

(1) 아름다움의 허무함과 감동

모든 것이 인연

불교의 경전은 석가 한 사람이 설법하는 형식과, 누군가가 석가를 대신해서 다른 사람에게 이야기를 하는 형식으로 진리를 풀어 나가는 경우가 있습니다.

반야심경은 후자 쪽이며, 관세음보살이 사리자(舍利子)에게 깨우치는 말을 해 주고 있는 것입니다.

관음은 실제로 살아서 실재했던 것이 아니며, 석가가 진리를 깨달은 마음의 상징이지만 사리자는 엄연한 실재의 인물입니다.

상징적인 인간의 실재의 인간에게 이야기를 걸어 간파하는 구상은 매우 흥미 있는 일입니다.

사리자는 샤리푸트라(Sāriputra)의 번역어이며, 사리불(舍利佛)이라고 음역되기도 합니다. 그는 중부 인도의 옛 마가다국(國)에 있는 바라문 집안에서 태어났습니다.

사리(舍利)는 잘 지저귀는 작은 새의 이름이라고도 하며 백로의 일종이라고도 합니다.

인도의 전설에 여자가 아이를 잉태하면 태아의 성격이 어머니를 닮아간다고 하는 말이 있습니다. 사리자를 잉태한 여성은 잉태하기 이전까지와는 전혀 다른 성격이 되어 대단히 총명하고 웅변적인 사람이 됐다는 것입니다. 그래서 그가 태어나자 사리(舍利)라는 이름을 지었다고 합니다. 그는 성장함에 따라 유명한 회의파(懷疑派) 철학자의 제자가 되었고, 타고난 총명과 웅변으로 두각을 나타내서 뜻을 같이 하는 백 사람의 지도자로서 이름이 알려지게 되었습니다.

그는 어느 날 길거리에서 만난 앗사지라고 하는 사람의 예의 바른 태도에 감복하게 됩니다. 앗사지는 석가가 싯달타 왕자라고 했던 무렵의 다섯 사람의 친구 가운데 한 사람입니다.

그는 싯달타의 수행원으로서 6년 간 고행을 같이 합니다. 그러나 석가는 고행이 무의미하다는 것을 느끼고 결연히 고행장을 떠나서 니란쟈나[尼連禪河]에서 목욕을 하고 스쟈타라고 하는 젊은 여성이 권하는 젖 미음으로 피로를 풀게 됩니다.

이것을 본 앗사지는 싯달타가 타락했다며, 그를 경멸하고 그에게서 떠나버립니다. 그리고 멀리 선인(仙人)이 사는 곳이라고 전해지는 녹야원(鹿野苑)이라는 숲속으로 들어가서 처음부터 같이 나섰던 다섯 사람의 친구와 단결해서 고행을 계속하고 있었던 것입니다.

석가는 다른 사람들의 비난에는 아랑곳하지 않고 자신이 믿는 길로 나아간 것입니다. 고행을 버리고, 몸을 깨끗이 씻은 다음 피로가 회복되자 붓다가야의 보리수 아래에서 좌선을 계속하고, 마침내 진리를 깨달아 해탈함으로써 인류구원의 길을 열었던 것입니다.

진리를 터득해서 인류구원의 길을 열게 된 석가는, 이 기쁨을 그 벗들에게 전함과 동시에 진리의 가르침도 아울러 전하고 싶었습니다. 그래서 앗사지와 같은 다섯 친구들이 있는 녹야원을 약 2백 킬로나 되었지만, 7일 간을 쉬지 않고 걸어서 도착하게 됩니다.

벗에게 최초의 설법을 하는 목표였던 것은 마음 깊이 새겨 두고 싶은 점입니다. 불교에서는 선우(善友)라 해서, 좋은 벗을 얻으면 반드시 좋은 스승도 만날 수 있게 된다고 믿어 벗을 소중히 여기고 있습니다.

다섯 사람의 벗들은 석가를 경멸하고 있었기 때문에 그가 오더라도 결코 말을 하지 않기로 굳게 약속하고 있었던 것입니다. 그런데 석가가 나타나자 말하지 않기로 했던 약속이 힘없이 무너지고 말았습니다.

이솝 이야기에, 차가운 바람이 아무리 거세게 불어도 길가는 나그네의 외투를 벗길 수는 없었지만, 햇빛이 조용하고 따뜻하게 비치는 동안에 길손은 외투를 벗었다 - 는 이야기와 같은 녹야원에서도 꼭 같은 일이 일어났던 것입니다.

꽁꽁 얼어붙었던 다섯 사람의 마음도 석가의 따뜻한 시선과

그 품성에 감동되어 봄날처럼 풀어지고 마침내 석가의 제자가
됩니다.

그 가운데 한 사람이 앗사지입니다.

앗사지를 만나게 된 사리자는 그 처신의 훌륭함에 놀라움을
금하지 못했으며 마음이 쏠렸습니다. 이와 같이 훌륭한 사람의
스승은 필시 더욱 훌륭한 사람임에 틀림이 없다고 생각이 되어
그에게 묻습니다.

앗사지는 석가가 스승인 것을 알려 줍니다. 사리자는 "스승은
무엇을 가르치는가?"를 물어 보았습니다. 그러자 앗사지는,

"모든 것은 인연에 따라서 일어나는 것입니다. 인연에 따라서
생기기 때문에 인연에 따라서 멸망하는 것이다 - 이와 같이 스승은
설법을 하십니다."

라고 말해 주었습니다.

사리자는 이 말을 듣고 깜짝 놀랐습니다. 이와 같은 인연설(因緣
說)은 다른 학파에서는 전혀 생각해 본 일도 없었습니다. 그 자신도
알 까닭이 없는 처음 듣는 배움이었기 때문입니다.

사리자는 그때까지 품고 있던 의문점이 모두 풀려버렸습니다.
그래서 동창인 목건련(木犍連)과 함께 석가의 제자가 됩니다.

뒤에 이 두 사람은 석가의 십대제자로서 손꼽히게 되었으며,
사리자는 지혜 제일, 목건련은 신통(神通) 제일로 칭송을 받게
됩니다. 그리고 석가는 사리자를 깊이 신임해서 석가의 아들인

146

라후라의 지도를 맡겼습니다.

그러나 당시는 그의 수행을 얕고, 앞서 했던 회의파의 철학적인 사고방식의 잔재도 남아 있었기 때문에, 지혜보다는 논리적인 지식 쪽이 더 왕성했던 것입니다.

이러한 조건 아래 있었던 사리자가 반야의 지혜의 상징인 관자재 보살에게서 공(空)에 관한 이야기를 듣게 되는 것이 반야심경입니다. 이와 같은 심경의 구성을 알게 되면 한층 더 심경에 흥미가 끌려지게 됩니다.

어떠한 미인이라도 죽으면 해골이다

사리자 색불이공(舍利子 色不異空)

사리자여, 색은 공과 다름이 없다 - 이것이 첫 번째의 깨우침입니다. 그것은 관세음보살의 발언이라고 하는 형식으로 된 현재의 우리에 대한 석가의 외침입니다. 관세음보살 대 사리자는, 나아가서 '지혜' 대 '지식'의 만남과 동시에 상대적 인식에 익숙해 있는 현대인의 지성과 반야의 지혜와의 대결이기도 합니다.

따라서 반야심경은 알지 못하는 사람이라도 '색불이공'이라든가 '색즉시공'의 어구쯤은 외우는 사람이 있을 정도로 유명한 구절이므로 차분한 마음의 자세를 가지고 임해야겠습니다.

'사리자여, 색은 공과 다름이 없다'의 색은 앞에서도 말한 것같이 모든 물질현상을 말하는 것입니다. 그러한 것들이 우리의 인식의 대상이 되는 것은 색체, 즉 빛깔과 형태가 있기 때문인 것입니다.

우리의 육체도 이 '색'에 속하는 것이므로 이것을 죽 우리의 몸 가까이 끌어 당겨서 말하면 '색불이공 - 색은 공과 다를 바 없다'는 것은 그대의 육체의 공이다. 그대는 자신, 자신이라고 하지만, 그런 자신이라고 하는 따위는 있지도 않은 것이라는 기성 개념의 해산과 해체가 요구되는 것입니다.

그것은 사리자에게 있어서도 대사건이었던 만큼 그 이상으로 우리에게 있어서도 큰 문제가 아닐 수 없습니다.

공이란 바꾸어 말하면 실체가 없다고 하는 것입니다. 존재하는 것에는 본래부터 이렇다 할 실체가 없는 것이라는 인식입니다.

이 부정(否定)의 면만을 들어서 말할 때 공(空)은 수학의 제로와 통합니다.

수학자의 말에 의하면, 수학에서 가장 중요한 것은 '1'이라고 합니다. 유럽 사람들은 맨 처음에는 제로를 몰랐다고 합니다. 그러나 인도에서는 제로를 기점으로 하고 있었기 때문에 제로의 관념을 유럽인들에게 가르쳐 준 것도 인도인이었던 것입니다.

인도인의 발상에서 제로와 공이 동의어는 아니었으며, 공이 갖는 여러 가지의 의미 가운데 제로도 있다는 것입니다. 인도 사람들뿐만 아니라 동양 사람들은 '1'보다도 오히려 공의 한 부분인 제로 '0'에서 생각을 시작한다는 것이 사실입니다.

젊은 여성이 아름답게 보이려고 시간을 들여서 화장을 하고 꽃구경을 나왔다고 하더라도, 언젠가는 그녀도 죽는 것은 분명합니다. 이를 보고 어떤 호사가는 해골의 껍데기에 치장을 하고 꽃구경은 무슨 꽃구경이냐고 풍자했다고도 합니다.

이 같이 모든 것은 반드시 제로가 되어 버린다는 것을 풍자하고 있는 것입니다. 이 작가는 '색은 공과 다를 바 없다'를 읽어서 알고 있다고 생각하고 있었습니다.

아니라고 할 도리 없이 우리는 오관의 대상이 되는 - 색의 액세서리에 마음을 빼앗기고 아름다움의 포로가 되어 있는 것이 사실입니다.

이 구절은 그 아름답다고 느끼는 것의 무의미함을 냉소하고, 그것을 부정해서 해골을 우리의 눈앞으로 내밀어 보인 것입니다.

결코 기분 좋은 일일 수는 없지만 그것도 사실이라는 것은 부정할 수 없습니다.

공(空)은 모든 것의 출발점

인도학술탐사대에 참가했던 여행기를 수록한 책이 있습니다. 거기에는 이런 문장이 있습니다.

'사람의 시체를 먹고 사는 독수리들이 날고 있는 밭 가운데 길을 상여를 멘 일단의 사람들이 지나간다. 시체가 버려지자 순식간에 독수리 떼들이 몰려든다. 독수리 떼들이 날아가고 난 후 거칠게 뜯어 먹히고 남은 젊은 여성의 시체가 나타나고, 왼쪽 손의 빨강·노랑·초록 빛깔의 팔찌만 남아서 빛을 뿜고 있었다….'

몇 장의 사진을 곁들인 조장(鳥葬)의 모습이 실려 있었습니다. 팔찌를 낀 해골의 사진을 보는 것은 처참한 것이었지만 앞에서 나온 미인과 해골의 구절을 연상하지 않을 수 없었습니다.

그러나 그 참담한 광경만을 마음속에 클로즈업 시켜 눈앞의 아름다운 모습에 눈을 감아 버린다면 그것도 치우친 생각이 아닐 수 없습니다. 언제까지나 아름답다고 생각하는 진실에 거슬러가는 태도가 되는 것입니다.

올바른 인식은, 표면의 아름다움을 순수하게 아름답다고 봄과 동시에 그 밑바닥에 있는 허무함을 꿰뚫어 보는 것입니다.

또 그 반대로 영원히 아름다운 것은 없는 것이라고, 그 유한성을 미리 전제로 하면서 눈앞의 아름다움을 순수하게 아름답다고 보는 것이 관음에 상징되는 실제로 보는 능력이며 그 기능의 실천입니다. 무엇보다도 먼저 '색은 공과 다를 바 없다 색불이공(色不異空)'이라고 보는 것입니다.

즉, 우리의 눈만으로는 아름다운 것의 존재나 현상을 그저 깊이 생각하지 않고 보고 있는 것에 지나지 않았던 것을 제1의 볼록렌즈를 통해서 색은 공과 다를 바 없다고 뚫어보는 것입니다.

그러나 여기서 멈추어 버리면 그저 독수리에게 무참하게 뜯어먹히고 남은 젊은 여성의 해골이 머릿속에서 감돌뿐이므로 살아있는 사진이라고 할 수 없습니다.

항상 또 하나의 볼록렌즈를 통해서 다시 한 번 보아야만 합니다. 이때 제2의 볼록렌즈를 통해서 바라보면 다시 반전해서 '공은 색과 다를 바 없다 - 공불이색'라고, 현실을 긍정하게 됩니다. 그러나 두 개의 볼록렌즈를 통해서 보는 경관은, 육안만으로 본 최초의 그것과 결코 같은 것이 아닙니다.

부정의 부정은 이제 그 이상 더 부정할 것이 아무것도 없기 때문에 그 시야에 들어오는 것을 '사리자 보아라. 공즉시색 만발한 꽃을' - 이렇게 표현한 유명한 구절이 있습니다.

사리자 보아라, 공즉시색 만발한 꽃을 - 사리자를 고유명사로 묶어 두어서는 안 된다고 했습니다. 여기에서 사리자란 우리를 가리키는 말입니다. 특정인이 아닌 다수의 우리라고 하는 무책임한 존재가 아니며 어디까지나 우리 서로의 자신을 말하는 것입니다. 문법에서 말하는 1인칭의 '나'를 말하는 것입니다.

여기서 공(空)이 단순한 제로로 무(無)도 아닌 데 그치는 것이 아니라 모든 것의 출발점이라는 사실이 훌륭하게 나타나고 있습니다.

"내가 했다"고 하는 것은 자아의 말살

옛 선사는 무일물중무진장(無一物中無盡藏; 꽃이 있고 달이 있고 누대가 있다)이라고 노래했습니다. 무일물이란 아무것도 없다는 것이며, 이것이 공일 수도 무(無) 즉 없음일 수도 있으나, 단순한 제로는 아닙니다.

앞에서 나왔던 공(空)을 디디고 서서 비로소 아름다운 꽃도, 청명한 달도 그리고 훌륭한 누각도, 존재하는 의의를 알게 되는 것입니다. 무진장이란 아무리 써도 다 쓸 수 없을 만큼 있다는 것이므로 영원·무한을 표상합니다. 그것이 공(空)의 내용입니다. 그래서 공이란 충실하게 가득 차 있는 제로라고 말 할 수 있습니다.

그러나 공은 어찌 보면 잘 아는 것 같으면서도 그렇게 쉽게 손에 잡히지 않는 것이라고도 할 수 있습니다.

우리는 조급한 마음을 풀어 버리고 소중한 것을 내 것으로 하는 시간이란 마음에서 아낌없이 기다리며 다시 새겨들으면 그때마다 한결 더 새로워지는 것을 느낄 수 있습니다.

지금까지 찾을 수 있었던 공의 개념을 요약해서 정리해 보면 제로임과 동시에 제로가 아닌 것을 가지고 있다, 부정하면서 동시에 영원하고 무한한 것을 지향하고 있다, 텅텅 비어 있지 않으면서

152

동시에 비어 있기 때문에 모든 것을 그 안에 포함할 수 있다고 말할 수 있습니다.

또 공은 모습이나 형태가 없기 때문에 어떠한 형태로 규정할 수 없으며, 특징지을 아무것도 없습니다. 오히려 그 반대로 규정짓거나 특징지을 것을 아무것도 갖고 있지 않는 것이 공이라면 좋을지도 모르겠습니다. 그래서 무상(無相)과 같은 뜻으로 쓰이기도 합니다.

무상이란 모습이 없는 것입니다. 새는 하늘을 날아도 날아간 흔적을 남기지 않습니다. 비행기구름은 물리적 현상이지 비행기가 날아간 흔적이 정말로 남는 것은 아닙니다.

이렇게 좋은 일을 해도 그 행적을 남기지 않으며, 행하고 나서도 행한 마음을 남기지 않는 것이 부처의 길을 가는 사람의 원(願)입니다. 그러나 그 원마저도 부정하고 그것을 다시 재부정한 무원(無願)의 원이 바로 공의 행동면이라고 말할 수 있습니다.

색은 공과 다를 바 없다고 해서 모든 존재 현상을 부정하는 것이므로, 마땅히 '내가' '내가 했다' '내가 한 것이다'라고 하는 자아의 존재도 없애버리는, 말살해버린 직접의 본체인 것입니다. 따라서 나는 너와는 다르다는 특수성도 지워진 상태가 됩니다.

앞에서 나온 무일물(無一物)이란 말은 주머니에 십 원짜리 동전 하나도 없다는 무일푼이 아니며, 자아의식을 남김없이 떨어내 버린다는 것입니다. 선(禪)을 하는 사람은 그것을 가리켜 죽는 것을 했다는 뜻으로 '죽어 낸다'로 표현하고 있습니다.

'살아 있으면서 죽은 사람이 될 대로 다 되어서…'라는 어느 선사의 말이 철저하게 자아를 지워 없애는 것을 절실하게 표현하고 있습니다.

자아의식이 때로 중요하기도 하지만 자신이 가장 바르고 틀림없는 것으로 생각해 버리는 지나친 자신이 자아의식을 그르치는 것입니다.

뿌리깊은 이 자아의식을 억제하는 것은 결코 쉬운 일이 아니기 때문에, 이 선사는 '죽은 사람이 될 대로 다 되어서'라고 못을 박는 것입니다. 그것이 나 자신이라고 생각했던 자아를 뿌리까지 파 헤쳐서 해체해 가면 어떻게 되는가?

자아를 아무것도 없는, 아무것도 아닌 공으로 돌려 철저하게 부정하고 난 다음에 무엇이 남는가?

공(空)은 색(色)과 다를 것이 없다

'내 집이다' '내가 살고 있는 주택이다', 이렇게 자아에 얽매어 있던 것이 해체되고, 한 사람 한 사람이 들어 있던 자아의 동굴 같은 것이 파괴되고 나면, 도리 없이 밖으로 나가게 되고 밖으로 나서면 그곳에 넓고 넓은 광장이 있다는 것을 비로소 알게 되는 것입니다.

저마다 자아의 기둥을 틀어잡고 있는 동안에는 보이지 않았던 광장이 널따랗게 무한히 펼쳐져 있는 것을 보게 됩니다. 나 자신이 숨을 쉬고 스스로의 힘으로 살아 있는 것이라고 생각했던 것이 실은 그렇지 못합니다. 눈에 보이지 않는 넓고 깊은 대기 속에 싸여서 살려지고 있다는 사실에 눈을 뜨게 됩니다.

그것이 공은 색과 다를 바 없다는 것입니다.

우리가 숨 쉬는 호흡도 그렇습니다. 자신이 하려고 생각해서 하는 것은 심호흡뿐이며, 의식불명이 되어 곤히 잠에 떨어져 있을 때에도 틀림없이 숨을 쉬고 있는 것을 보면, 그것은 자아의 힘만이 아니라는 것이 확실해집니다. 숨을 쉰다는 것은 호흡을 하게 해 주는 무언가 커다란 힘이 작용하고 있기 때문입니다.

이 점이 희미하게나마 느껴지게 되면 다음은 어떻게 살아가면 좋을 것인가 하는 생각이 어렴풋이 떠오르는 것을 느낄 수 있습니다.

앞에서 나온 선사의 노래 다음에 다음과 같은 구절이 있습니다.

'마음먹은 대로 하는 정신력의 훌륭함이여'

그것은 마음 내키는 대로 아무렇게나 한다는 것은 아닙니다. 멀고 큰 바람에 따라 하는 것으로서 작은 자아의식에서 하는 것이 아님은 누구나 알 수 있는 일입니다.

'살아 있으면서 죽은 사람이 될 대로 다 돼서, 마음먹은 대로 하는 정신력의 위대함이여'에서 색은 공과 다를 바 없고 공은 색과 다를 바 없다를 이해할 수 있습니다.

하지만 아직도 관념의 장난에 빠지기 쉬운 위험이 있습니다. 어떻게 해서든지 자신의 체험을 통해서 실감을 얻어야만 합니다. 이 체험의 표현이 색즉시공 공즉시색입니다.

이 여덟 글자는 많은 사람들이 잘 알고 있는 유명한 말입니다. 그러나 그런 정도로 그 뜻이 바르게 이해되지 못하고 있는 것도 사실입니다.

(2) 가치 없는 것에서 발견하는 아름다움

모든 것이 실체(實體)는 없다

색즉시공(色卽是空)

앞에서도 본 바와 같이 색이란 우리의 육체를 포함한 모든 물질현상입니다. 존재하는 일체의 것을 물질적 현상이라고 하는 것은 무엇 때문입니까?

그것은 인연(因緣)이 그렇게 시키고 있다는 것입니다. 인연에 대해서는 사리자가 앗사지와의 만남에서, 스승인 석가가 인연의 법을 가르치고 있다는 말을 듣고, 놀라서 친우인 목건련과 함께 석가의 가르침에 들어갔던 것입니다.

그러면 여기서 다시 자세히 인연에 대한 것을 알아보기로 하겠습니다. 현대의 우리는 눈앞의 현상에 대해서 어떻게 보고 있으며 또 어떻게 생각하고 있는가 하는 것을 알아볼 필요가 있습니다.

우리는 날마다 여러 가지 일들을 보기도 하고 듣기도 합니다. 그러나 대부분의 경우, 그 현상에 나타난 것만 볼 뿐이지 무엇 때문에 그렇게 되었는가 하는 것에 대해서 그 이유와 의미를 깊이 생각하려고 하지 않습니다.

타인의 경우는 말할 필요도 없고 자신이 경험한 인생의 사건에 대해서도 그 원인을 알려고 하지도 않은 채 울고 웃곤 합니다. 때로는 어떻게 대책을 세워야 할지 갈피를 못 잡고 갈팡질팡하기만 하고 깊은 원인을 찾으려고 하지 않습니다.

이래서는 인생의 해결에 조금도 도움이 안 됩니다.

이에 반해서, 석가는 일체의 현상을 바라보고 꿰뚫어 모든 것은 홀로 단일하게 존재하는 것이 아니며, 서로서로 관련이 있어서 관계를 맺고 생기고 있음을 밝혀 주고 있습니다.

흡사 그물의 코와 같은 것으로서, 그들의 코는 하나만으로는 성립되지 않습니다. 서로 이어지고 매듭지어 걸고 걸리는 관계 속에서 이루어지는 것입니다. 석가는 언제나,

"이것이 있기 때문에 저것이 있으며, 이것이 발생하기 때문에 저것이 발생한다. 이것이 없기 때문에 저것이 없다. 이것이 없어진 때문에 저것이 없어진다."

이렇게 가르치고 있습니다. 하나의 것이 '있는' 것처럼 보이는 것은 그것만이 유일하게 있는 것이 아니며, 그물의 코처럼 여러 가지 것이 걸리고 관련되며 서로 도우면서 이루고 종합 합성된 현상으로서 '있는' 것입니다. 그러므로 그저 물질(物質)이라고만 하지 않고 물질현상(物質現象)이라고 하는 것입니다.

이것이 있는 까닭에 저것이 있다고 말씀하는 연유이며 '까닭

에'·'때문에'를 나타내는 연(緣)이란 글자는 인연(因緣)의 연(緣)입니다.

인연이란 말할 것도 없이 인(因)과 연(緣)으로 이루어진 말입니다. '인'이란 결과를 생기게 하는 내적인 직접 원인이며, '연'이란 외부에서 이것을 조성하는 간접적 원인이므로, 내인(內因) 외연(外緣)이라고도 합니다.

일체의 것은 인연에 의해서 생멸하므로 석가는 이것이 없기 때문에 저것이 없다고 설법을 이어가고 있으며, 연에 의해서 일어나므로 연성(緣成)이라고도 합니다.

모든 물질적 현상은 유일하게 존재하는 것은 아니며 이와 같이 무엇인가 인과 연과의 복잡한 합성에 의해서 생성된 것이므로, 그것이 없어질 때에는 이것이 없어지기 때문에 저것이 없어진다로서 단일한 - 외톨이 존재는 없다 - 즉 실체는 없다, 이 의미가 색즉시공으로 표현되는 것입니다.

'이와 같이 무릇 물질적 현상이라고 하는 것은 모두 실체가 없는 것이다.' 이것은 한자로 번역된 색즉시공에 해당됩니다.

우리는 보통 현실의 오관, 즉 눈·귀·코·혀·피부 등으로 감각해서 느낄 수 있는 대상만이 실재하는 것으로 생각하고 그것에 의존해야만 행복이 있는 것으로 알기가 쉽습니다.

예를 들면 사랑을 했을 경우에도 실연을 당하고, 그래서 행복의 대상이 뺏기거나 없어지거나 하면 이럴 수 있는가, 이것은 너무

했다 하는 식으로 회의적인 태도를 갖게 됩니다.

그리고는 어디선가 한두 번 들어서 기억하는 색즉시공이 갑자기 머리에 떠오르면 사람들은 마치 해탈이나 한 것처럼 착각을 일으킵니다.

그리고 더 이상은 인생의 의미를 찾을 수 없다는 듯 그 자리에 정체(停滯)해 버리고 맙니다.

낙화(落花)의 풍정(風情)

공즉시색(空卽是色)

그 결과 세상은 무상하다는 생각으로 허무적인 인생관을 갖는 지극히 작은 공관(空觀)의 구멍 속에 빠져 버리고 마는 것입니다. 그러나 우리가 충실한 인생을 살기 위해서는 어떻게 해서든지 이 구멍에서 뛰쳐나와야 합니다.

제2의 볼록렌즈로 뒤집어진 영상, 즉 도각(倒覺)을 다시 한 번 뒤집어엎어야 합니다. 그것이 공즉시색이며, 범문(梵文)의 현대어 번역에는 이 대목을 '무릇 실체가 없다고 하는 것은 물질적 현상인 것이다'라고 되어 있습니다.

이 색즉시공 공즉시색의 마음을, 차를 끓여서 마시는 다도(茶道)에 받아들인 것이 청적(淸寂)이라고 하는 것입니다. 청(淸)이라고 받아들이는 곳에 다도의 깊은 회심(會心)이 있습니다. 적(寂)은 공(空)을 나타내는 말입니다. 이 다도에 전해지는 일화가 있습니다. 17세기에 있었던 이야기이지만, 오늘날도 다시 한 번 새겨들을 수 있는 내용이 있어 열거하는 것입니다.

다(茶)의 명인(名人)으로 알려진 사람의 손자와 친교가 있는 한 사람의 스님이 어느 날 자기 절의 뜰에 핀 묘련사라고 하는 이름의 동백꽃 한 가지를 심부름꾼 소년에게 들려서 그의 친구에게 전하도록 했습니다.

동백꽃은 들고만 있어도 꽃잎이 떨어지기가 쉬운 꽃입니다. 심부름을 갔던 소년은 꽃이 안 떨어지도록 마음을 쓰고 주의를 했건만, 꽃잎은 도중에서 떨어지고 말았습니다.

소년은 정직하게 이 사실을 말하고 용서를 빌었습니다. 동백꽃 가지를 받아든 스님의 친구는 미소를 띠며 소년의 실수를 탓하지 않았습니다. 그리고 이 소년을 전통 있는 자기집 다실로 들게 했습니다.

주인은 이 다실의 상좌에 걸려 있는 족자를 떼고 그 조부가 손수 만든 꽃병을 벽에 걸었습니다. 소년이 들고 온 꽃이 진 동백가지를 그 병에 꽂고, 꽃병 아래에 떨어진 동백꽃잎을 놓았습니다.

그리고는 차 한 잔을 따라서 이 소년에게 대접하면서 소년의 수고를 위로하고 돌려보냈다고 합니다. 핀 꽃은 지는 것, 바람이 없어도 일단 핀 꽃은 반드시 집니다.

그것이 인(囚)입니다. 소년이 떨어뜨린 꽃도, 꽃이 지고 없는 가지도, 다 같이 아무런 가치도 없는 헛된 것이며 공허한 것입니다. 쓰레기통에 버려도 아까울 것이 없는 것입니다.

이 스님의 친구는 소년의 실수를 탓하지 않았을 뿐만 아니라 꽃잎이 지고 없는 쓸쓸한 동백가지를 꽃병에 꽂은 다음, 그 아래에 떨어진 꽃잎을 놓고 '낙화의 풍정'으로서 차를 마시는 속이 탁 트인 심정과 태도를 어떻게 묘사하는 것이 좋을지 모르겠습니다. 왜냐하면 너무나 멋있는 행동이며 사고방식이기 때문입니다.

다른 사람의 잘못을 용서하고 가치 없는 물질현상에서 아름다움을 발견하는 마음은 청적, 바로 그것입니다. 색즉시공을 훌륭하게 공즉시색으로 바꾸는 곳에서 다도의 인생이, 인생의 다도로 그윽한 다향을 뿜는 가운데 소리 없는 반야심경의 낭랑한 소리를 듣는 감회가 짙은 것입니다.

색불이공(色不異空)·공불이색(空不異色)을 소화할 수 있게 되면, 이제 남은 부분은 큰 어려움이 없을 것으로 믿습니다.

이제부터 앞으로의 이야기도 시원하게 여러분의 가슴속에 스며들어가도록 하겠습니다.

수상행식 역부여시(受想行識 亦復如是)

〈심경(心經)〉에도 수상행식도 또한 그와 같다고 여덟 자로 밝히고 있을 뿐입니다.

범문 현대어역에도 이와 마찬가지로 감각도, 표상도, 의미도, 지식도 모두 실체가 없는 것이라고 되어 있을 뿐입니다.

원문의 수·상·행·식과 이제까지 말씀드린 '색'을 합친 것이 앞에서 풀어본 오온(五蘊)이며 그것을 현대어역에 맞추면,

색(色) - 물질적 현상, 수(受) - 감각, 상(想) - 표상, 행(行) - 의지, 식(識) - 지식이 됩니다. 그러한 것이 모두 실체가 없는 공(空)입니다.

평범하게 말하면 생각하는 것도 행동하는 것도 모두 실체가 없는 공(空)이라고 하는 것입니다.

[불보살문] 나한상 조각품 (한국/조선)
　머리는 소발(素髮)이다. 방형(方形)의 얼굴에 호형(弧形)눈썹과 가늘게 뜬 눈, 둔중한 콧날과 입술을 가지고 있다. 내의(內衣)를 입고 있으며 통견(通肩)의 대의를 입었다.

제4장
생(生)과 사(死)

- 왜 작은 자아에 집착하는가 -

부처님이 사문에게 물으셨다.
"사람의 목숨이 얼마 동안에 있느냐?"
"며칠 사이에 있습니다."
"너는 아직 도를 모른다."

부처님은 다시 한 사문에게 물으셨다.
"사람의 목숨이 얼마 동안에 있느냐?"
"밥 먹는 사이에 있습니다."
"너도 아직 도를 모른다."

부처님은 다시 사문에게 물으셨다.
"사람의 목숨이 얼마 동안에 있느냐?"
"숨쉬는 사이에 있습니다."
"착하다. 너는 도를 안다."
고, 부처님은 말씀하셨다.

舍利子 是諸法空相 不生不滅 不垢不淨 不增不減

사리자 시제법공상 불생불멸 불구부정 부증불감

사리자여, 이 제법(諸法)은 공상(空想)이며, 생하지 않고 멸하지 않으며, 때묻지 않고 깨끗하지 않으며 늘어나지 않고 줄어들지 않는다.

샤리푸트라여, 이 세상에서 모든 존재하는 것에는 실체가 없다. 생겨나거나 발생했다고 하는 일도 없고, 멸해서 없어졌다고 하는 것도 없으며, 더러워진 것도 아니고, 더러움을 떠난 것도 아니며, 줄어드는 것도 없고 늘어나는 것도 없다.

(1) 인간은 왜 죽음을 두려워하는가

실체가 없는 것에 처음도 끝도 있을 수 없다

불생불멸(不生不滅)

종교가 아편(阿片)이라는 생각을 지니고 있던 중에 중요한 전환적 계기를 주는 법어를 보게 되었습니다.

"태어나지 않는 몸이라면 죽는다는 일도 없다. 이것은 불생불멸이라고 한다."

짧지만 인생 최고의 불안과 최대의 안심을 밝혀 준 말이라고 하지 않을 수 없습니다. 최고의 불안은 죽음이여 최대의 안심은 불멸입니다.

반야심경은 한 글자도 구김 없이 당당하게 서술하고 있지만, 그 어느 서적을 읽는 것보다도 어렵습니다. 어렵다고 느끼는 것은 글자의 뜻을 풀어서 사상을 파악해야 하기 때문입니다.

사상과 직결해서 문자를 풀어 나가야 한다는 것을 알 수 있게 하는 것이 "이(是) 제법(諸法)은 공상(空相)이다"라는 다섯 글자입니다.

범문 현대어역에는 '이 세상에 있어 존재하는 모든 것에는 실체가 없다고 하는 특성이 있다'고 되어 있습니다. 문자도 또 실체가 없습니다. 그것은 앞에서 글자가 적히지 않은 경(經)에 기술한 바 있습니다.

원문의 이(是) 제법(諸法)이라고 하는 법(法)은 법률이라든가 환경보전법이라고 할 때에 쓰는 의미가 아니며 불교에서는 물질적 현상을 가리키는 경우가 많습니다.

물론 법에는 가르침·규칙·법칙의 의미도 있지만, 불교의 진리인 제행무상(諸行無常)이나 제법무아(諸法無我) - 즉 모든 사물의 존재하는 법칙과 실천적 기능이 물체에 나타나 있다는 의미에서 물질현상을 법이란 한 마디로 나타내고 있습니다.

이렇게 물질현상에 실체가 없다는 특성이 있으나 그 특성이라는 것은 무엇보다도 첫째로 불생불멸이라고 하는 것입니다.

불생불멸은 생겨나지 않고 없어지지 않는다는 뜻으로 생(生)하는 것도 아니며 멸(滅)하는 것도 아니다. 또는 더 나아가서 생겨났다고도 말할 수 없는 것이며 멸해서 없어졌다고도 말할 수 없는 것이다 - 이와 같이 받아들일 수 있습니다.

모두 한결같이 처음도 끝도 없다는 것으로서 영구하고 영원한 것을 가르치고 있음에 틀림없습니다.

죽음이란 밝은 안식이다

생(生)과 사(死), 즉 삶과 죽음이 존재하는 것은 육체의 세계, 물질현상의 세계이며, 반야심경은 '모든 존재하는 것에는 실체가 없다' - 공(空)이기 때문에 존재하는 것은 생겨나는 것도 아니며 멸망하는 것도 아니다 - 이렇게 가르치고 있습니다.

육체에는 생사가 있고, 실체가 없는 공(空)의 세계에는 그것이 없다 - 그러나 이 두 가지가 접촉하는 곳에서 고뇌가 생기는 것이며, 인간은 이 접촉점에서 번뇌를 갖는 것입니다. 특히 이 괴로움을 짙게 갖는 것이 인간입니다. 또 인간이기 때문에 고뇌하는 것입니다.

동시에 그것을 해결하고자 노력하는 것도 인간뿐인 것 같습니다. 정치나 경제의 힘으로도 도저히 해결될 수 없는 커다란 문제인 만큼, 오직 하나인 생명의 육탄으로 최후의 길을 찾아서 뛰어들 수 있는 인간으로 태어난 장엄한 기쁨이 있습니다.

그러나 그 해결 방법을 그르치면 번뇌는 더욱 악화되어 버리고 맙니다.

인간이 물질현상의 하나인 한, 죽음은 피해지는 것이 아닙니다. 이 평범한 사실, 그 자체가 괴로움인 것처럼 생각하기가 쉽습니다. 실은 그것이 아닙니다. 죽음에서 탈출하고자 하는 욕망이 고뇌를 불러일으키는 것입니다.

삶을 동경하는 이면에는 아직 경험하지 못한 죽음에 대한 불안과, 몸과 마음의 고통을 상상하고 더욱 가족들의 장래나 경영해 오던 일이 어떻게 될 것인가 하는 것들을 염려하고 걱정하기 때문에 괴로움이 생깁니다.

그러나 그러한 모든 불안이 해결되었다 하더라도 정신적인 지성과 생활 기술만으로 해결할 수 없는 마음의 동요가 해명되지 않는 한 괴로움은 사라질 수 없을 것입니다.

죽음을 싫어하고
삶도 두려워하니
인간의 흔들리고 고정되지 못하는 마음을 알 뿐

이렇게 노래한 사람이 있습니다.

그는 "어둡기만 한 것은 아니다. 사라져가는 허망한 아쉬움은 인간이 그와 같이 가도록 되어 있는 길을 찾아가는 모습으로서 그곳에서 나는 희미하나마 안주할 곳을 찾는 느낌을 갖게 되었다고 해도 좋을 것 같다"고 술회합니다. 그러나 여기까지 도달하는 데는 매우 큰 괴로움이 뒤따랐을 것입니다.

독서와 듣는 것만으로는 마음속 깊은 밑바닥의 초월적 무의식을 불러일으키는 것은 불가능하기 때문입니다.

생(生)과 사(死)가 어떠한 것인가 하는 데 대한 해명은, 공(空)을 실감하지 않고서는 관념의 유희로 끝나 버리고 맙니다.

중국 송(宋) 나라 때의 대룡선사에게 어느 수행자가 물었습니다.

"형태가 있는 것은 모두 없어진다는 것은 알고 있지만, 영원의 생명이란 무엇입니까?"

물론 영원의 생명은 불생불멸입니다. 그러나 이때 선사는 이렇게 화두로 대답했습니다.

"산에는 꽃이 피어 비단결 같고 골짜기에서 흐르는 물은 고여서 쪽빛과 같다."

이와 같이 한 폭의 그림이 될 것 같은 격조 높은 말로 대답하고 있습니다. '아름답게 핀 산의 꽃도 결국은 지게 될 것이다, 깊이 고여서 움직이는 것 같지도 않게 보이는 깊은 골짜기의 물도 사실은 흐르고 있는 것이다. 느리고 빠른 차이는 있되 변하고 움직이지 않는 것은 아무것도 없다', 그것이 영원의 생명이라고 말해 주고 있는 것입니다.

영원이란 이와 같이 시간과 공간을 넘어선 것으로서 느린 것도, 빠른 것도, 긴 것도, 짧은 것도 없는 것입니다. 이렇게 본다면 수명이 짧아서 단명이면 단명인 대로 또 빠르면 빠른 대로 영원이며 불멸인 것입니다.

시간과 공간을 초월해서 있다는 것은 시간과 공간이 없다는 말입니다. 시간과 공간이 없으므로 생겨났다고 하는 일도 없으며 멸해서 없어졌다고 하는 일도 없는 것입니다. 곧 불생이며 불멸입니다.

생사, 즉 죽음과 삶이 없는 것입니다.

더 요약해 말한다면 '이제·이곳에·자신'의 3글자가 만나는 한 점이 영원불멸로 통하는 것입니다. 틀림없이 선(線)은 무한의 점에서 성립되어 있습니다. 그것은 이론이 아니며 몸으로 실감하지 않고는 문제의 해결이 되지 못합니다.

고승(高僧)의 임종

옛날 학덕이 높은 한 고승이 있었습니다. 바람처럼 왔다가 구름처럼 사라진다고 할 수 있는 성격으로 서화(書畵)를 잘 해서 후세에까지 높이 평가될 만큼 명성이 알려진 스님이었습니다.

그가 죽음에 임박하자 제자들이 고승의 최후답게 후세에 남을 명언을 찾아내고 싶어서 단도직입적으로 물었습니다.

"스님, 돌아가시고 싶습니까?"

임종에 남겨 줄 기막힌 화두를 한 마디도 빠뜨리지 않으려고 귀를 기울이고 있는 관계자들에게 스승은 무거운 입을 열고 이같이 말했던 것입니다.

"죽고 싶지 않다!"

이 말을 듣고 일동은 아연실색했습니다. 그런 말이 세상에 전해

172

지면 그 스승의 덕(德)이 땅에 떨어질 것을 우려해서 생존자들이 오히려 당황한 나머지 거듭 "돌아가시고 싶습니까?"하고 빌 듯이 고쳐 물었습니다.

"죽음을 보는 것은 내 갈 곳으로 돌아가는 것과 같다."라는 식으로라도 말해 주었으면 하고 기대했던 것인데, 실로 어처구니 없게도 다시 "죽고 싶지 않다."고 말하는 것이었습니다. 그 뿐만 아니라 세 번째로 다시 질문 받는 것을 귀찮게 여겼음인지,

"정말, 정말 죽고 싶지 않다."고, 다시는 더 묻지 못하게 하는 듯 마지막 말을 중얼거리며 숨을 거두었다고 합니다.

그러나 그 스님의 덕스러운 빛은 조금도 퇴색한 흔적 없이 오늘날까지 많은 존경자들이 그를 기리고 있습니다.

후세에 "죽고 싶은가?"하고 물으니까 "죽고 싶지 않다."고 대답했던 것이며, 만약에 "살고 싶은가?"하고 물었다면 "살고 싶지 않다."고 스승은 대답했을 것임에 틀림이 없다 - 이렇게 변호하는 사람이 있었습니다.

이유는 생과 사를 대립적 존재로 생각하는 것은 현세의 집착에서 오는 것이며 이 집착을 잘라 낸 것이 선(禪)의 참된 경지이므로 그 스승은 그런 뜻에서 죽고 싶지 않다고 대답했던 것이라고 말입니다.

이것은 오히려 두둔하려다가 빚어낸 넌센스가 될지도 모릅니다.

순수하게 이 스님의 발언을 받아들여 보면, 단순히 죽고 싶지

않다는 것은 아니며 모든 사람의 가슴에 스며드는 깊은 뜻이 있음을 느낄 수 있습니다.

삶도 죽음도 인간의 자유와 선택의 테두리 밖에 있습니다. 사람의 뜻대로 안 되는 것이므로 어떻게 할 도리가 없는 것입니다. 불가피하게 되었느니 만큼 그것을 받아들인다는 것입니다.

그렇게 되면 이미 사태는 분명해지는 것입니다. "좋다. 이것이 내 운명이라면 달게 받는다." 이렇게 받고 그 대신 그 무엇으로도 바꿀 수 없는 오직 한 번인 일생을 오직 한 사람밖에 없는 자신이, 오늘이라고 하는 날은 두 번 다시 안 오는 날이므로 오로지 주어진 목숨을 가지고 살아가는 한, 최선을 다해서 살아보는 것이 영원히 사는 오직 하나의 길이 아니겠습니까?

생사(生死)가 없는 것이 아닙니다. 분명히 생사가 있으면서도 생사에 끌려 다니지 않고 살아가는 태도를 갖는 것이 불생불멸하여 영원히 사는 길인 것입니다.

여기서 고승의 변호자를 바른 안목에서 비판하였지만, 사실상 생과 사를 대립시켜 생각하는 것은 분명히 현세에 대한 집착에서 오는 것이 아닐 수 없습니다. 삶 속에 죽음이 있고 죽음 속에 삶이 있는 것이기 때문입니다.

웃으면서 죽어갈 수 있다면

이야기가 매우 어둡게 진행되는 것 같습니다. 그러나 어두운 것은 반야심경이 아니라 인생이 어두운 것입니다.

도피나 속임수가 아니고, 어디까지나 그 어두움을 피하지 않고 그대로 바라봄으로써 '어두운 그대로의 밝음'에 살아가라고 반야심경은 가르치고 있습니다. 즉 어둠에서 밝음을 찾는 것입니다.

어떤 여의사는 이런 이야기를 들려줍니다.

"나는 어떤 중환자인 노부인을 진찰하는 것이 항상 기쁩니다. 그 환자는 기분이 좋을 때는 '감사합니다' '고마워요'하는 말을 잊지 않았습니다. 나쁠 때에는 아무 말 없이 두 손을 합장해서 감사를 표합니다. 그것도 할 수 없을 때에는 그 환자는 마음으로 미소를 띠고 있는 것을 잘 느낄 수 있습니다. 환자를 진찰하면서 이 환자로부터 무언가를 배우고 있고 오히려 위로와 격려까지 받고 있습니다."

사람은 누구나 언젠가는 죽게 됩니다. 그러나 죽는 자신에게도 그 주변의 사람들에게도 마음의 평안을 맛볼 수 있도록, 앞에 나온 고승처럼 "아니, 죽고 싶지 않아." 하고 말하면서 미소를 지으며 죽어갈 수 있다면 그것이 바로 생사의 갈림길에서 생사를 넘어선 불생불멸의, 영원히 사는 길이라고 생각합니다.

그러나 죽는 순간에 이르러 그렇게까지 된다는 것은 근본적으로 쉬운 일이 아닙니다. 이 때문에 반야심경은 "모든 존재하는 것에는 실체가 없다."는 공관(空觀)을 몸에 지니도록 깨우쳐 주는 것입니다. 이것을 배우는 것이 참된 인생의 지혜입니다.

비록 깊이 이해할 수 없을지라도 반야심경을 몇 번이고 독송해 나가면 그것이 겹쳐진 만큼 마음의 평안이 얻어지는 것입니다. '공(空)' 가운데는 생사가 없다. 불생불멸이라고 하는 것을 선어 (禪語)로 산중에는 달력이 없다고 표현하고 있습니다. 인적이 드문 벽지의 깊은 산골에 있으면 달력은 필요가 없습니다. 대자연에 날짜가 필요 없는 것처럼 '공(空)'의 세계에는 초하루나 행사의 마지막 말인 천추락(千秋樂) 같은 것을 정해 둘 필요가 없기 때문입니다.

그런데 팔이 안으로 굽는다든가 내가 편할 대로 한다는 식의 생각이 스며들기 시작하면, 살고 싶다, 죽고 싶다가 시작되고, 깨끗하다, 더럽다 하는 식의 집착이 생깁니다. 그리고 그 자신이 좋을 대로 고집을 세우는 그 고집을 뽑아 버리면 아무런 문제도 없어집니다.

그러나 달력을 필요로 하지 않는, 시간을 필요로 하지 않는 생활이이야말로 실은 정말로 생명을 소중히 아껴서 살아가는 것이 되는 것입니다.

불생불멸의 무시무종(無始無終)이라고 해도 좋을 것입니다. 이 것을 그림으로 나타내면 둥근 원의 둘레, 즉 원주(圓周)가 됩니다.

원주 위의 한 점은 어디를 붙잡아도 처음이며 그것이 끝이기도
합니다.

자기가 누린 현시점을 있는 힘을 다해서 성실하게 살아가는
사람이야말로 진실로 불생불멸의 궤도에 들어선 사람입니다. 그
사람도 인간인 이상 언젠가는 반드시 죽게 되지만, 그가 말했던
일과 실천에 옮겼던 일은 영원히 살아남습니다.

죽는 사람 가운데서, 끝장이 나는 사람들 가운데서 계속해서
살아남으며, 죽지 아니 하는 영원한 것을 보는 것이 소중합니다.
가까운 사람 편을 들고, 자기가 하고 싶은 대로 하는 것을 떠나게
되면 반드시 그것을 알게 된다고 하는 것이 반야심경의 불생불멸
의 가르침입니다.

(2) 더럽혀진 것과 깨끗한 것

연꽃도 늪에서 핀다

불구부정(不垢不淨)

불생불멸을 이해하기 위해 많은 시간이 걸린 것 같습니다. 그러나 이것만 바르게 알 수 있게 된다면 나머지는 훨씬 수월해집니다.

반야심경의 다음 부분을 읽어 내려가면 불구(不垢)이면서 부정(不淨)으로 되어 있습니다. 그러나 그 앞의 "이[是] 모든[諸] 법(法)은 공상(空相)이다."를 이어 받고 있음은 더 말할 것도 없습니다.

이것을 범문(梵文)의 현대어역에 의하면 "더럽혀진 것도 아니며 더러움을 떠난 것도 아닌"이라고 되어 있습니다. 그러나 역시 그 앞에 나오는 "이 세상에 있어서는 모든 존재하는 것에는 실체가 없다는 특성이 있다."에 이어져 있습니다.

"존재하는 것은 공(空)의 모습에 지나지 않는다." 이렇게 받아들일 수 있게 되면, 생(生)도 멸(滅)도 없는 것과 같이, 불구부정 - 부정(不淨)이라든가 정(淨)의 구별은 없게 되는 것입니다.

생과 사는 그대로 공(空)의 진상(眞相)을 나타내고 있습니다.

공이라고 하면 앞에서 본 바와 같이 제로의 의미가 강하기 때문에 현장은 진공(眞空)이라고 번역했던 것입니다.

현대에서는 물리학 용어로 물질이 전혀 없는 공간을 의미해서 불교용어의 의미를 잃어버리고 말았습니다. 그래서 다른 학자는 적극적으로 공(空)을 한 진실(일(一眞實)로 번역하고 있습니다. 또는 앞에서 본 바와 같이 가득 차 있는 충실한 무(無)'로서 받아들일 수도 있습니다.

'공'·'한 진실'·'충실한 무'는 더럽혀진 것도 아니며 더러움을 떠난 것도 아닌 것이 특색입니다. 존재하는 것의 현상에는 분명히 아름다움과 추함이 있습니다.

그러나 그것은 보는 측의 선택이 그렇게 만들기 때문입니다. 자아를 빼 버린 세계가 공(空)입니다. 현세적인 인간의 가치판단이 사라져 버린 것입니다. 그곳에 더럽고 때묻은 것이나, 깨끗하고 맑은 것이 있을 수 없습니다. 알려진 바와 같이 맑은 물속에서는 연꽃이 자랄 수 없는 이치와도 닮았습니다. 쓰레기를 버리는 곳이나 수렁의 늪에 연이 나고 꽃이 피는 것입니다.

얼음이 많아서 물이 많은 것이며 가로막는 장애물이 많아야 모범이 되는 선행의 덕도 많아지는 것이다 - 선어(禪語)에도 진흙이 많으면 부처가 크다는 말이 있습니다. 얼음이 많으면 많을수록 녹아 나오는 물이 많은 것과 같이 진흙이 많을수록 큰 불상을 만들 수 있습니다.

사람도 죄나 잘못이 있으면 있을수록 인간성에 눈을 뜬 진실한 인간이 될 수 있다 - 이러한 뜻을 가리키고 있습니다.

얼음이라면 그것을 녹이는, 죄라면 그것을 참회하게 하는, 경영(經營)이 있으면 단단한 얼음도 부드러운 물로, 바람직하지 못한 실수나 과오도 새로운 행복으로 가치전환이 이루어집니다.

자아에 집착하지 않을 때에는 굳어진 단단한 것도 어두움도 그대로 바람직한 가치가 그곳에서 생겨나는 것입니다. 여기서 말하는 '더럽혀진 것'이란 번뇌를 말하는 것입니다.

번뇌란 바람직하지 못한 마음의 상태를 가리키는 말이지만, 사전에는 몸과 마음이 시달려 괴로움이라고 되어 있습니다.

이 번뇌도 본래 '공(空)'임을 반야심경은 가리키고 있습니다. 이 뜻을 뒤집어 보면 공이라고 하는 것을 잘 이해할 수 있게 되며, 인간도 번뇌도 다 같이 '더럽혀진 것도 아니며, 더러움을 떠난 것도 아닌 것'이 됩니다.

그것이 '공관(空觀)' - 공에 의한 인생관이며 세계관입니다.

받아먹어야 할 것은 먹게 된다

어느 날 상담이 있다 하여 어떤 집을 방문하게 되었습니다. 아직 네 살도 채 못 된 아기 우는 소리가 나고 있었습니다. 잘

보았더니 툇마루까지 기어 나와서 오줌을 싸고 있었습니다.

아기가 오줌을 싼 자리에 밥 푸는 주걱이 떨어져 있었습니다. 그 주걱에는 아기 오줌이 잔뜩 젖어있었는데 아무것도 모르는 아기 엄마는 그 주걱을 주어들고는 밥솥에서 밥을 퍼서 밥통에 담았습니다.

나는 놀랐습니다. 밥상이 나왔지만 어떻게 그걸 먹을 수가 있겠습니까. 그래서 손도 안대고 돌아와 버렸습니다. 그 다음날 그 집엘 또 가게 되었습니다. 상담을 다하고 나니깐, 따끈한 감주가 나왔습니다.

아기 엄마도 내가 많이 받아 마시는 것이 기뻤던지, 맛있게 잘 먹어 주어서 고맙다면서 한 그릇 더 권했습니다.

"저번에는 아무것도 안 드시고 가셔서 밥이 몽땅 남아 버렸어요."라고 말하며, 그래서 그 밥으로 감주를 만들었는데 이렇게 많이 잡수시니 정말 고맙다는 것이었습니다.

나는 그때서야 깜짝 놀랐습니다.

어제 아기 오줌이 섞인 밥이 감주가 돼서 나올 줄이야 누가 알았겠습니까? 그러나 잔뜩 마시고 난 다음이어서 별 수 없이 그대로 소화시키고 말았습니다. 나는 그 뒤로 감주만 보면 그 생각이 납니다.

이 이야기는 물론 하나의 에피소드입니다. 그러나 우리는 일상 생활의 에피소드만은 아니라는 것을 분명히 느낄 수 있는 것이 있습니다. '받아먹어야 할 것은 아무리 해도 받아먹지 않고는 못 견디도록 돼 있다.' 여기에는 깊은 뜻이 들어 있는 것입니다.

인간은 작은 생각이나 꾀를 근거로 해서 달아나고 숨으려 해도 안 되는 것입니다. 배가 아프다, 힘이 부족하다는 핑계로 그 자리를 모면한 것으로 알았을지 모르지만 결국은 감주진상으로 덜미를 잡혀버린 것입니다.

아기 오줌이 묻은 밥은 더럽다고 안 먹을 수 있었지만 더러울 까닭이 없다고 안심하고 마신 감주가 더러웠던 것입니다. 달아날 수 있다고 생각했겠지만 그렇지 못했던 것입니다. 그러나 이것은 결코 운명론이 아닙니다.

더럽다든가 더럽지 않다든가 판단하는 자신 그 자체가 더럽지 않다·깨끗하지 않다의 어느 쪽에 다리를 걸치고, 자기 취향과 표준에 따라서 취사선택하는 태도를 버리지 않는 한, 그것에서 해방되는 일이 없음을 알게 되는 것입니다.

자신을 포함해서 어떠한 사람이 되었건 인간과 세상을 정결하고 부정(不淨)하고 착하고 사악하고 - 하는 선악의 어느 쪽으론가 규정짓고자 하는 한 진실한 것을 모르는 것입니다.

안 당할 일을 당했다든가, 배신·배반을 당했다든가 해서 지나친 피해의식을 느낄 경우에 이 감주 이야기를 생각하면 마음이 가라앉게 될 것입니다.

천한 일에서도 존귀함을 찾도록

우리는 불생불멸에서 생명의 존엄성을 배우게 됩니다. 다시 우리는 불구부정에서, 하루하루의 생활 속에서 부딪치고 만나게 되는 수많은 일들 가운데 나타나는 현상만 보고 가치판단을 해서는 안 될 것임을 배울 수 있습니다.

흔히 우리는 추하다고도 하고, 가치가 없다고도 말할 수 있습니다. 그러나 어쩌면 자신의 가치를 받아들이고 판단하는 능력에 한계가 있다는 것을 잊고, 상대방의 참된 가치를 발견하지 못하는 경우도 얼마든지 있습니다.

때로는 그러한 자신의 어리석음과 무능함을 부끄러워하는 것마저 잊고 있는 일이 허다한 것입니다.

불구부정이란 말을 바꾸면, '아무리 더럽게 보이는 것도 그 안에는 반드시 아름다운 것이 깃들어 있음'을 실감하는 것입니다.

여기서 얻어진 너그러움은 그대로 생명에 대해서도, 생(生)을 좋아하고 사(死)를 싫어하는 편협에서 벗어나 생사를 그 어느 쪽이나 떳떳하게 받아들이는 참된 자유를 만드는 것입니다.

19세기 말, 어떤 시인이 선(禪)이란 태연자약하게 죽을 수 있는 담력을 길러주는 것인 줄 알았더니, 죽음이 임박하는 시간을 두려워하지 않고 죽을 지경을 넘어서 사선(死線-죽음)을 돌파하는 적극적인 삶의 자세를 요구하는 것임을 알게 됐다고 하는 말을 들은 적이 있습니다. 그것은 선에 한한 일이 아닙니다.

어떤 시인의 '담을 그릇이 없다. 두 손으로 받자'고 하는 구절이 있습니다. 주어진 상황을 있는 그대로 받아들이는 부드러운 마음 씨를 우리가 지니고 있다는 사실을 생각해 보면, 세상에서 일어나는 일이나 어떤 현상을 보는 눈이 차츰 달라지는 것을 확실히 느낄 수 있습니다.

무엇을 보아도 아름다운 것 - 이것이 불구부정의 뜻임을 알고, 그 뜻을 살려서 생기가 넘치게 살아가는 길입니다. 그와 같이 보여 오는 것은 짧은 생명을 아끼고 사랑하는 자애의 마음이 싹트게 된 증거라 하겠습니다.

누구든지, 이것은 나, 저것은 다른 사람이란 자타의 구별에서 벗어날 수 있게 되면 무엇을 보아도 아름답게 보입니다. 그것이 불구부정의 사랑입니다.

현대에는 전쟁이다 공해다 하는 큰 문제를 두고 인간과 문명의 위기가 시끄럽게 논란이 되고 있습니다.

인간이란 무엇인가? 문명이란 무엇인가? 하는 본질이 문제가 되고 있는 것입니다. 참된 지성을 높일 필요가 날이 갈수록 점점 더 통감하게 되기 때문입니다.

불생불멸도 불구부정도 작은 자아에서 벗어나 크나 큰 공에 흡수된 상태를 가리키는 것으로서, 그것을 종교적으로는 구원

또는 해탈이라고 합니다.

　분명히 불생불멸 불구부정이라 해도, 인간이 수억 년 살 수 있는 것도 아니며 번뇌를 뽑아 없애고 모두 신이 된다는 것도 아닙니다. 괴로워하는 고뇌의 내용을 때로는 높이고 때로는 심화해서 보다 고차원의 고뇌를 업고 가는 것입니다.

　자기만의 작은 고뇌에 달라붙어 있는 것이 아니고, 다른 사람의 괴로움을 같이 괴로워하며, 어떻게 하면 자신도 저 사람들도 다 같이 행복하게 될 수 있는 것인가 하고 슬퍼하고 괴로워하는 곳에서, 그 차원이 높여져 가는 것입니다. 이런 의미에서 생각한다는 것은 고뇌하는 것과 동의어가 되며, 그것을 통해서 다시 자비에까지 높여져 가는 것입니다.

명예도 비난도 한 때의 환상

　석가는 다음과 같이 말하고 있습니다.

　"그가 나를 욕하고, 그가 나를 쳤다. 그가 나를 쓰러뜨리고, 그가 나를 빼앗았다."

　이와 같이 마음에 집착하는 사람들에게 원한은 끝내 그치지 않는다. -《법구경 3》

그러므로 그와 같은 언동에 집착하는 한, 마음에 못에는 증오감의 물결이 이는 것입니다. 석가는 이어서,

"그가 나를 욕하고, 그가 나를 쳤다. 그가 나를 때려눕히고, 그가 나를 빼앗았다."
　　이와 같이 마음에 집착하지 않는 사람은 마침내 원한의 종식을 보게 될 것이다. -《법구경 4》

　　이렇게 말하고 있으나, 그러한 것들에 집착하지 않게 될 때에, 즉 그러한 것들을 실체가 없는 공(空)으로 돌렸을 때에 증오감의 물결은 잠잠하게 가라앉는 것입니다. 그렇다면 다른 사람이 비판과 공격을 공(空)으로 돌려 실체가 없음을 밝히기 위해서는 어떻게 하면 좋겠는가. 이 경우 석가는 같은 시의 형식으로 이렇게 풀어주고 있습니다.

　　하나에서 열까지 줄곧 헐뜯기만 하는
　　하나에서 열까지 줄곧 칭찬만 듣는,
　　그러한 일은 지나간 옛날에 없었다.
　　지금도 또한 없는 일이다.
　　장차 다가올 앞날에도 그런 일은 없을 것이다.

아마도 석가 자신의 체험에서 나온 말일 것이라고 생각합니다. 전 인류로부터 만장일치의 칭찬을 받을 수 있을 만큼 완전무결한 인간은 어느 시대에도 없습니다. 마찬가지로 전 인류로부터 만장일치로 비난받을 만큼 결함투성이인 사람 역시 어느 시대에도 없었습니다.

눈앞에 나타나는 현상만으로 그때마다 기뻐하고 슬퍼하고 있으면 인간의 감정은 피로에 지쳐 버립니다. 이 도리(道理)를 알고 나면 우리의 마음도 어느 정도 안정이 됩니다. 칭찬받았다고 해서 재산이 불어난 것처럼 어쩔 줄 몰라하는 것이나, 나쁜 말을 들었다고 해서 손해를 본 것처럼 생각하는 것도 쓸데없는 일입니다. 그토록 작은 자신에 대한 집착을 깨끗이 버리는 것이 정신 건강에도 훨씬 도움이 됩니다.

그러나 뭐라고 해도 가장 알기 쉽고, 가장 알기 어려운 것이 인간이기 때문에 빌고, 원하는 기원(祈願)이 있게 되는 것입니다.

지금처럼 인류가 어떻게 살아가야 할 것인가 하는 본질적인 문제, 근본적인 문제가 시급한 당면의 문제가 되고 있는 시대에 있어서는 더욱 중요한 일이 아닐 수 없습니다.

[불보살문] 김천 쌍계사 동종 (한국/현대)
　김천 쌍계사 동종에 표현된 보살문이다. 보관을 쓰고 있으며 뚜렷한 이목구비를 갖고 있다. 통견의 법의를 입고 있고 손에는 지물을 들고 있는 모습이다.

제5장
평범(平凡)과 비범(非凡)

- 공(空) 속에만 자유와 진실이 있다 -

활 만드는 사람은 화살을 다루며,
물 대는 사람은 물을 끌고,
목수는 나무를 다루고,
지혜 있는 사람은 자기를 다룬다.

아무리 바람이 불어도
반석이 흔들리지 않는 것처럼,
어진 사람은 뜻이 굳세어
비방과 칭찬 속에 움직이지 않는다.

깊은 못은 맑고 고요해
물결에 흐르지 않는 것처럼
지혜 있는 사람은 도(道)를 들어
그 마음 즐겁고 편안하다.

是故 空中無色 無受想行識 無眼耳鼻舌身意
無色聲香味觸法
시고 공중무색 무수상행식 무안이비설신의
무색성향미촉법

無眼界 乃至 無意識界
무안계 내지 무의식계

그러므로 공(空) 가운데는 색(色)도 없고, 수(受)도 상(想)도
행(行)도 식(識)도 없으며, 눈도 귀도 코도 혀도 몸도 뜻도
없다. 색(色)도 소리도 향(香)도 맛도 촉(觸)도 법도 없고, 안계
(眼界)도 없으며 내지(乃至) 의식계도 없다.

실체가 없다는 공(空)의 입장에 있어서는 물질적 현상도
없고 감각도 없고 표상도 없고 의지도 없고 지식도 없다. 눈도
없고 귀도 없고 코도 없고 혀도 없고 신체도 없고 마음도
없고 모습도 없고 소리도 없고 향기도 없고 맛도 없고 손이
닿을 대상도 없고 마음의 대상도 없다. 눈의 영역에서 의식의
영역에 이르기까지 남김없이 아무것도 없는 것이다.

뿌리까지 실체 없는 것으로서 공(空)이 되게 하는 인식이란 무엇인가

시고공중무색(是故空中無色)

한문 번역으로는 '그러므로 공(空) 가운데는'이라고 하지만, 현대어역에서는 '실체가 없다는 공(空)의 입장에서는'이라고 되어 있습니다. 다 같이 '공의 입장에서 보면'이란 뜻입니다.

공의 입장에서 보면, 색(色-물리적 현상)은 없다 - 가 되는 것입니다. 특히 오온(五蘊)의 첫 머리인 색(色)만을 떼어서 말하고 있다는 점에서 얼마나 우리가 색(물리적 현상)에 집착하고 있는가를 알 수 있습니다.

꼭대기에 있는 색만 무너뜨리고 나면, 오온의 나머지인 수(受)·상(想)·행(行)·식(識)도 따라서 무너지고 맙니다. 그것이 무수상행식(無受想行識)입니다. 오온(五蘊)이라고도 번역됩니다. 인간으로서의 존재를 인간으로서 존재하게 하는 다섯 가지의 요소입니다.

인간이 인간으로서 존재하기 위해서는 육체[色]·감각[受]·감각한 개념을 구성하는 기능[想]·개념을 기억해 의식을 만드는 기능[行]·의식이나 기억을 쌓아서 만들어지는 기능[識]의 다섯 가지 요소가 필요합니다. 그것이 불교의 인간관(人間觀)입니다.

그리고 이 다섯 요소가 힘을 모아 서로 구성하는 것 - 이것을 인연(因緣)이라고 합니다.

이 구성을 빼 버리면, 인간은 존재할 도리가 없기 때문에 공(空)이라는 것이 아니겠습니까?

더욱 그 다섯 가지 구성분자도 각각 마찬가지로 필요분자가 모여서 서로 같이 구성하는 인연의 법칙에 따르는 것이므로 구성하는 요소 자체도 또한 공(空)이라고 하는 것입니다.

무안이비설신의(無眼耳鼻舌身意)

인간에게는 눈·귀·코·혀·피부의 오관(五官)이 있습니다. 불교에서는 그것에 생각하는 기관(器官)인 의(意)를 더해서 육근(六根)이라고 합니다.

육근(六根)을 청정(淸淨), 청산(靑山)도 청천(晴天)이라고 말하는 그 육근이며, 근(根)은 기관이라든가 능력의 뜻입니다. 이 육근도 토대가 되는 다섯 요소의 오온(五蘊)이 사라져서 공(空)이 되면 이것 역시 공이 되는 것은 당연합니다.

무색성향미촉법(無色聲香味觸法)

'색·성·향·미·촉·법'을 육경(六境)이라고 합니다. 인식의 대상이 되는 것을 경(境)이라고 합니다. 즉 앞에서 나온 육근이 감각작용을 일으키는 대상인 것입니다.

눈에 의해서 인식하는 것이 색경(色境), 귀에 의한 것이 성경(聲境), 코에 의한 것이 향경(香境), 혀에 의한 것이 미경(味境), 신체에 의한 것이 법경(法境)입니다. 이것도 역시 날려 버리면 공(空)이 됩니다.

무안계내지무의식계(無眼界乃至無意識界)

육근이 육경을 인식하는 작용도 여섯 가지가 있습니다. 그것을 육식(六識)이라고 합니다. 반야심경의 '안계내지의식계(眼界乃至意識界)'와 내지(乃至)라고 하는 말로 생략되어 있는 부분입니다. 생략된 부분을 살려서 말하면,

"안식(眼識-見-견)·이식(耳識-聞-문)·비식(鼻識-嗅-후)·설식(舌識-味-미)·신식(身識-觸-촉)·의식(意識-知-지)"

이 됩니다.

반야심경에는 안계(眼界)나 의식계(意識界) 등의 경계라는 계(界)를 쓰고 있습니다. 이것은 인식의 영역이라고 보면 되겠습니다. 그것이 사라져서 공(空)이 되므로 - 눈의 영역에서 의식의 영역에 이르기까지 남김없이 아무것도 없다는 것이 됩니다.

이제까지 본 안이비설신의(眼耳鼻舌身意)의 육근(六根)·색성향미촉법(色聲香味觸法)의 육경(六境)·견문후미촉지(見聞嗅味觸知)의 육식(六識)을 합한 것을 십팔계(十八界)라고 합니다. 이것은 모두 실체가 없는 것으로 철저하게 날려 버리고, 공(空)이 되게

하는 것이 여기까지의 결론입니다.

이와 같이 남김없이 날려버리고 공(空)으로 하는 인식을 생활에 적용시키면 먼저 편견을 없애는 것이 됩니다. 우리는 흔히 자신의 눈으로 보았으니까 틀림없다, 이 귀로 들었으니까 확실하다, 체험한 것이니까 정말이라고 주장합니다. 이것을 확대해서 밀고 나가면 자신이 말하는 것, 믿는 것만이 옳고 바른 것이지 다른 것은 모두 잘못되거나 틀린 것이 되며 그런 나머지 자기 자신 이외에는 모두 적(敵)이다, 이렇게 생각해 버리게 됩니다.

이와 같은 편견을 한 번 정면에서 가루가 되도록 쳐부수지 않는 한, 인간의 사색은 바르게 될 수도, 깊어질 수도 없을 것입니다. 더구나 너그럽고 풍성한 인간성이 길러진다는 것은 기대할 수도 없는 일입니다.

얼굴에 눈과 코가 있는 이유

자신의 신체라는 하나의 존재, 즉 '색'도, 내 몸에만 국한해서 생각하고 있으면 힘이 있는 것으로 알기가 쉽습니다. 그것을 스스로 자신의 신체가 아니라고 생각해서 집착을 날려 버리고 공(空)이 되어 봅니다. 그러면 자신의 힘만으로 살고 있는 것이 아니며, 자기 이외의 많은 힘에 의해서 살아가고 있다는 것을 알 수 있게 됩니다. 그러면 그때부터 자기 본위의 이기적인 생각에서 벗어날 수 있게 됩니다.

확실히 존재하는 신체는 없다는 식의 억지를 말하고 있는 것은 아닙니다. 어떤 특정한 신체[色-색]에 사로잡혀 집착하는 마음이 없어진 것이 무색(無色)이라고 하는 뜻입니다.

이렇게 되면 그 자리에서 색(色)의 자유가 얻어집니다. 그것을 무색(無色)이라고 하며 공의 인생관, 공의 세계관으로 서의 공관(空觀)이 성립되는 것입니다.

이 방식으로 오온(五蘊)의 나머지 부분인 수(受)·상(想)·행(行)·식(識)을 공관(空觀)해 보시기 바랍니다. 그러면 감각과 개념구상, 의식활동과 지식의 자유란 어떠한 것인가를 이해할 수 있게 될 것입니다. 육근(六根)의 경우도 마찬가지입니다. 무안(無眼)이란 말에 눈이 없다고 놀랄 필요는 없습니다.

동산(洞山)이라고 하는 옛 중국의 선승(禪僧)이 어렸을 적에, 반야심경을 배웠습니다.

한참 배우다가 "무안이비(無眼耳鼻)……"하고 읽어 내려가는 동안에 어린 소견에도 매우 놀라, 자신의 얼굴을 어루만져 보면서 질문했다고 합니다. "내게는 틀림없이 눈도 귀도 코도 있는데 왜 반야심경에는 무안이비(無眼耳鼻)라고 돼 있습니까?"

실은 이 점에 대해서 이상하다는 생각과 의문을 가져 주시기 바랍니다. 오관(五官)이 있는 것은 당연하다고, 지극히 간단하게 생각하는 권리를 포기할 정도라면 반야심경은커녕 인간이 어떻게 살아야 할 것인가도 알 길이 없을 것입니다.

소년 동산(洞山)은 반야심경에 '무안'이라고 되어 있는 것을 보고 놀랄 수 있었기 때문에 자신의 얼굴에 두 눈이 있다는 사실에 대해 더욱 놀랄 수 있었던 것입니다.

이 실로 불가사의라고 할 두 눈의 존재를 지식인이나 어른들은 그들이 지니고 있는 지식과 경험만으로 다 해결된 것으로 알고 그 이상은 무관심으로 끝내 버리고 있는 것입니다.

생물학자나 인류학자는 더욱 깊은 각도에서 오관(五官)의 존재 이유를 설명해 줄 것입니다. 그러나 얼굴에 눈이 있다고 하는 사실은 역시 불가사의(不可思議)라고 할 수밖에 없습니다.

자신의 소유라는 생각을 없애버리면

현대에도 불가사의(不可思議)라는 말이 자주 쓰이고 있습니다.

장미꽃 나무에
장미꽃 핀다
이렇다 할
불가사의(不可思議)가 없는데도

196

이런 동양의 시(詩)가 있습니다. 불가사의는 아니지만, 이 엄연한 사실은 역시 불가사의라는 사념(思念)이 담겨있습니다.

얼굴에 눈이 있고, 코가 있고, 귀가 있고, 입이 있다. 불가사의가 아닌 것이 불가사의입니다. 얼굴에 눈과 코가 있다고 하는 사실에, 불가사의가 없을 줄 알았더니 있었구나 하는 놀라움을 느끼게 되었을 때, 비로소 오관(五官)과 그 인식(認識) 작용이 생기는 것입니다.

자신의 눈과 코지만 자기 중심, 자기 본위로 쓰지 말고, 그야말로 내 것이라는 자기 본위를 날려버리고 공(空)으로 한 것이 무안이비(無眼耳鼻)가 아니고 무엇이겠습니까?

자신의 소유라고 하는 생각을 없애버렸을 때 비로소 바르게 보고, 듣고 할 수 있게 되는 것입니다. 무(無), 즉 없는 것으로 하고 난 다음에야 비로소 바르게 보고 듣고 이야기하고 생각할 수 있게 되는 것입니다.

눈이 아무리 아름다운 것을 보아도, 그저 곱다고 보고 그 이상으로 사로잡히지 않는 자유의 눈이 무안(無眼)입니다.

아름다운 꽃을 보면서 아름다운 것을 느낄 줄 모르거나 아름답다고 속으로 생각하면서도, 굳이 아름답지 않은 것처럼 보려고 하는 것은 다 같이 좋은 것이 못 됩니다.

이 방식으로 '귀·코·혀·몸·마음'을 내 것이란 생각에서 떠나보내야 할 것입니다.

눈 덮인 땅 밑에서 새싹이 돋아난다

이 공(空)을 예술적으로 받아들여서 무(無)의 경지를 이룬 것이 절에서 끓여 마시는 다도(茶道)가 아니겠습니까?

옛날에는 차를 끓이는 주전자에서 따라 마시는 그릇에 이르기까지 고루 갖추어 다실(茶室)에 모아 두고 값비싼 미술품을 집에 지니는 것을 자랑스럽게 여기는 사람들이 있었습니다. 그러나 선(禪)의 도(道)를 닦고 있는 스님들은 그러한 기물보다는 그 기물을 갖는 인간의 마음을 더 소중히 여겼던 것입니다.

그들은 그러한 겉보기의 사치를 멀리하고, 소박하고 한적하게 차분히 가라앉은 마음을 간직하기 위해, 몸을 닦는 뜻에서 다도(茶道)를 익히고 즐겼던 것입니다.

바라다보면 꽃도 단풍도 없었다
포구의 뜸집 초막의 가을 석양이

이 시의 마음은 지극히 간소하고 정적(靜寂)한 경지에서 살고 그것을 아끼는 다도(茶道)의 마음을 그대로 - 또한 소박하게 말해 주는 것으로 전해지고 있습니다.

　포구의 뜸집 초막이란, 바닷물이 들어오는 작은 만의 물가에 서 있는 초막집보다도 초라한 작은 집입니다. 뜸집은 억새 같은 풀을 거적처럼 엮어서 지붕을 인 허술한 움집입니다.

　쓸쓸한 가을의 석양, 물가에 사람 그림자도 안 보이는 고적함을 말해 주고 있습니다. 가을이 깊었으니 단풍도 낙엽이 되어 다 져버렸으니, 꽃 같은 것이 있을 까닭이 없습니다. 다만 사람이 사는 듯한 집이 눈에 띄지만 그것도 허술한 움집입니다.

　시야에 들어오는 것은 모두가 한결같이 쓸쓸하고 청정한 풍광입니다. 인정을 날려 버린, 그래서 아무것도 없는, 그러나 그 안에 모든 것이 들어 있는, 공의 한 경관을 표상하고 있습니다. 이것이 도를 닦는 사람들의, 차를 마시는 다도의 경지인 것입니다.

　꽃만 기다리고 있는 사람에게
　산중 두메 마을 눈 덮인
　땅 속에 움트는
　풀의 봄을 보여 주었으면!

　이 시는 산중 두메 마을의 눈을 말하고 있습니다. 눈에 들어오는 것은 하얀 눈에 덮인 두메 마을의 경치뿐입니다. 차갑게 내려 쌓인 흰 눈 사이에서 벌써 풀이 돋아나고 있지 않은가 하고 눈앞의 광경을 말끔히 날려버린 그 밑바닥에는 무엇이 있겠습니까?

결코 백지의 제로가 아닌, 당신이 구하고 있는 진리의 꽃을 말없이 전하고 싶은 마음의 뜻이 고여 있습니다.

눈앞에 보이는 것을 굳건한 마음으로 날려 버리고, 공(空)이 된, 그 공 안에서, 공의 입장에 씩씩하게 버티고 서게 되었을 때 비로소 인간의 자유와 진실이 얻어지는 것임을 말없이 가리키고 있습니다.

제6장
쾌락과 번뇌

- 무거운 짐을 져야만 성장이 있다. -

사랑의 즐거움에 맡겨 따르면
애욕의 수렁은 깊어만 가나니,
거기에 빠져 헤어날 길이 없어
생사의 수레바퀴 돌고 돌아라.

애욕에 휘감겨 달리는 중생은
그물에 걸린 토끼와 같다.
번뇌와 집착에 꽁꽁 묶이어
얼마나 많은 생의 괴로움을 받는가!

無無明 亦無無明盡 乃至 無老死 亦無老死盡

무무명 역무무명진 내지 무노사 역무노사진

無苦集滅道 無智亦無得

무고집멸도 무지역무득

　무명도 없고 또 무명이 다 하는 일도 없다. 내지(乃至), 늙음도 죽음도 없으며, 또한 늙음과 죽음이 다 하는 일도 없다. 고(苦)도 집(集)도 멸(滅)도 도(道)도 없으며 지(智)도 없고 또 득(得)도 없다.

　벗어나 밝아짐도 없으며, 사로잡혀 어두움도 없고(깨닫고 벗어나 밝아짐이 없어지는 것도 아니며), 사로잡혀 어두움이 없어지는 일도 없다. 이와 같이 해서 마침내 늙음도 죽음도 없으며 늙음과 죽음이 없어지는 일도 없다고 하기에 이르는 것이다. 괴로움도 괴로움의 원인도 괴로움을 막는 길도 없다. 아는 것도 없고 역시 얻는 것도 없다.

204

(1) 생명과 본능

고뇌와 불행의 근본 원인은 무명(無明)

석가는 인생의 무상과 변천의 상황에 대해서 깊이 사색하고, 그 원인을 거슬러 올라가서 추구한 끝에 열두 계열을 세웠다고 합니다.

그리고 다시 그 궁극의 원리에서 생기는 결과를 하나씩 하나씩 같은 열두 계열에 밝혔다고 전해지고 있습니다. 그것이 십이인연(十二因緣)이며, 십이연기(十二緣起)라고도 부르고 있습니다.

자세히 말하면 사람이 과거에서 현재에 태어나서 죽고, 다시 또 미래에 태어나는 과거·현재·미래의 시간과 공간의 흐름을 열두 항목의 원인과 결과로, 이른바 인과관계로서 풀어나간 것이므로 운명론은 아니며, 필연론이라고 해야 할 것입니다.

인간의 나이 계산도 서양 발상법에 의하면, 모체(母體)에서 세상에 나온 때로부터 계산하고 있습니다. 그러나 동양의 발상법으로는 모태(母胎)에 생명이 들어섰을 때부터 계산하는 것입니다. 따라서 전자에 의하면, 이 세상에 태어나서 첫울음 소리를 낸 때부터,

즉 이때를 제로(0)로 치고 계산하는 것입니다. 후자는 10개월이 포함되어 있습니다. 따라서 이 세상에 나왔을 때에는 이미 한 살이 되어 있는 셈입니다.

제로의 기점을 현재에 두는 만 몇 살의 계산 방법과 모태 내, 즉 과거에 원점을 두는 계산법, 발상법의 차이에 흥미 있는 것이 있습니다.

석가는 더욱 거슬러 올라가서 모태 내에 생명이 들어서는 사실의 원인을 세밀하게 사색하고 있습니다. 다만 원인을 추구하는 데 그치는 것이 아니었습니다. 그것에 의해서 인생에 일어나는 모든 집착을 막아 나가는 방법도 아울러 깨닫게 되었던 것입니다.

그 열두 개의 항목이, 무명(無明)·행(行)·식(識)·명색(名色)·육입(六入)·촉(觸)·수(受)·애(愛)·취(取)·유(有)·생(生)·노사(老死)입니다.

무무명 역무무명진(無無明 亦無無明盡)

'무명도 없고 또 무명이 끝나고 다하는 일도 없다'의 무명(無明)은 불교의 용어이며, 세상에서도 쓰이고 있는 것 같습니다. 그러나 바르게 이해되지 못하고 있습니다.

무명은 범어로 아비드야(avidyā)입니다. 불교사전에는 '인생의 진리에 대한 바른 지식이 없는 것, 사고와 행동의 대상이 되는 모든 일과 도리를 뚜렷하게 이해하지 못하는 정신상태·고뇌와 불행의 근본원인'이라고 되어 있습니다.

그리고 이 그릇된 지혜에 의해서 인간의 모든 행위와 경험이 쌓여져 간다는 것이 기본적 해석입니다.

그러나 이 바르지 못한 지혜라든가 그릇된 지혜는 다른 사람에게서 배운 것이 아닙니다. 누구에게서도 배우지 않고, 언제 알아서 하게 되었다는 것도 없이 그렇게 생각하고 알아버린 것이므로 그것을 고친다는 것은 여간 힘 드는 일이 아닙니다. 정말 귀찮고 고약한 지혜입니다. 여러 가지 인간의 본능도 이 무명 가운데 포함되는 것입니다.

무명의 무는 없다는 의미와 무시(無始), 처음이 없다는 것의 의미를 같이 지니고 있습니다. 따라서 끝이 없다고 하는 것 - 쉽게 말하면 언제인지 모르는 사이에 끝도 없이 따로 가르쳐 주지 않아도 어느 사이에 인간의 밑바닥에 자리를 차지하고 있으므로 근본무명(根本無明) 또는 맹목적 본능이라고도 말하고 있습니다.

무명은 분명히 없앨 수 없는 힘을 지니고 있지만, 아침부터 저녁까지 일 년 내내 무명이 움직이고 있다고는 할 수 없습니다. 때때로 얼굴을 내미는 존재입니다. 다시 말하면 귀찮기는 하지만 실재(實在)하는 것은 아니다, 하고 무명을 먼저 부정합니다.

그러나 그것은 근본에 있기 때문에, 그것을 뿌리 뽑아 없애려고 하면 그 몸부림 때문에 도리어 피곤해져버립니다. 무명을 없애려고 하기보다는 그 작용과 기능을 정돈하는 것이 무명도 없다고 하는 반야의 지혜에 가까워가는 길입니다.

이 부분을 현대 말로 번역하면 '(벗어나 밝아짐도 없으며) 사로잡혀 어두움도 없고, (깨닫고 벗어나 밝아짐이 없어지는 것도 아니며) 사로잡혀 어두움이 없어지는 일도 없다'고 되어 있습니다.

인간의 생명은 쾌락의 원리인가

'깨닫고 벗어나 밝아짐도 없으며'라고 하면 어딘지 의아스럽게 들릴 수 있습니다. 그러나 앞에서 본 바와 같이 여기에 공관(空觀)의 극치가 있습니다.

극한의 공관은 없는 그대로 있고, 있는 그대로 없다는 것으로 유(有)와 무(無)에 구애받지 아니 하는 것입니다. 이율배반 그대로 실체를 응시하는 것이 공관(空觀) - 공(空)의 눈입니다. 이것을 되풀이해서 설명하고 있는 것이 반야심경입니다.

이와 같이 반야심경의 사고방식을 실생활을 통해서 어떻게 포착해야 할 것인가 - 먼저 무명은 없는 그대로 있다, 그리고 무명은 있는 그대로 없다는 것이 실체인 것입니다.

어쩌면 마술적인 이야기로 들릴지 모르겠습니다만, 실은 그대로 틀림이 없다는 말입니다.

'무명(無明)은 없다' - 틀림없이 본래 존재하는 것이라면 종일토록 시달려야겠지만, 반드시 그런 것도 아니다(실재하는 것은 아니다). 그러나 때때로 집요하게 얼굴을 내밀어, 시달리고 있으므로 있다는 것이 됩니다. 없는 그대로 있는 것입니다. 그 반대의 경우도 또한 성립합니다. 마치 뿌리 없는 풀과 같은 존재인 것입니다.

이 뿌리 없는 풀을 상대로 해서 완전히 제초하려고 한다면 사람만 지칠 뿐입니다. 뿌리 없는 풀의 싹이 돋아났을 때에 하나씩 뽑아 버리는 것입니다.

무시무종(처음도 끝도 없는 것)이므로 다음 해에도 또 싹이 나옵니다. 그때 하나씩 하나씩 뽑아버리는 것입니다.

무명은 없어지는 것이 아니므로 정리 정돈하는 것이 인생을 윤택하게 하는 방법입니다. 정리된 무명, 정돈된 무명의 상태가 바람직한 것입니다.

그러고 나면 '있는 그대로 없고 · 없는 그대로 있다'는 것이 결코 말장난이 아니라는 것을 이해할 수 있게 될 것입니다.

'사람이 이 세상에 태어나는 것을 무명을 인(因)으로 하고, 부모를 연(緣)으로 한 것이다.' 《부모은중경(父母恩重經)》에 있습니다. 무명은 고뇌와 불행의 근본원인이지만, 생식본능의 뉘앙스도 느낄 수 있습니다. 그러나 그 이상으로 인연의 불가사의를 딛고 넘어서는 근거로 하고 있습니다.

심리학자 프로이트는 인간의 생명은 쾌락원리에 바탕을 두는 남녀의 행위에 의해서 태어난 것이라고 합니다.

얼핏 듣기에 무명과 비슷한 것 같지만, 무명은 쾌락 이전에 어딘지 모르는 곳에서 솟아오르고 있는 것입니다.

쾌락 이전의 인과율(因果律)로 생각하는 석가

생물학자는 모체의 태내에 새로운 생명이 잉태했을 때는 0.6밀리그램의 미세한 수정란이었다고 말합니다. 그것이 세상에서 말해지는 10개월·280일 동안에 3.25kg 무게에 달한다 - 몸무게는 540만 배로, 키는 2,312배로 성장한다는 것입니다.

아기가 성인의 날을 맞이하기까지에는 20년이 걸립니다. 이 동안에 몸무게는 건강한 사람이라도 20배 전후인 것을 생각하면, 모태내에 있어서의 성장률이 얼마나 높은가를 알 수 있습니다.

더욱 태내 10개월의 생활은 원시적 동물에서 인류에까지 진화한 발생계통을, 생물의 축쇄판(縮刷版)처럼 되풀이합니다. 그러므로 태내의 하루는 생물사(生物史)의 몇 만 년에 해당한다고 생물학적으로 출생의 상황을 밝혀 주고 있습니다.

'처음에 무명이 있었다. 그것은 인생길의 근원이다. 그것은 시간적으로도 멀고 먼 구원(久遠)이 시작되는 때부터인 것이다. 이 무명이 원인이 되어 이루어진 본능의 행위가 행(行)인 것이다.

그리고 그곳에 새 생명이 들어서는 것이다.'

이같이 정자와 난자 결합 이전의 일까지를 '인과율(因果律)'로서 밝혀 주고 있습니다.

석가에 의하면, 새 생명이 모태 내에서 길러져서 정신작용과 신체가 발육해 가는 것을 식(識) 또는 명색(名色)이라고 합니다. 그리고 오체육근(五體六根)이 완전히 갖추어지는 것을 육입(六入)이라 부르고 있습니다. 즉 모체의 태내를 막 떠나려고 하고 있는 때입니다.

이와 같이 모태 내에서 길러져서 성장해 가는 것이므로 출생 전부터 나이를 세는 것이 오히려 타당한 것이 아니겠습니까.

이렇듯 아기는 무명을 인(因)으로 하고, 부모를 연(緣)으로 해서 태어난 것입니다. 무명이 인이므로 부모를 선택할 자유가 없는 자식과, 자식을 선택할 자유가 없는 부모와의 불가사의한 만남이 되는 것입니다.

만약 선택할 자유가 있어서 부모와 자식이 된다면 그것은 계약에 바탕을 두는 계약에 의한 행위일 뿐입니다.

부모와 자식으로서 선택할 자유가 없었기 때문에 그 만남의 불가사의에 숨을 멈추고, 그 신비로움에 두 손을 모으지 않고는 배겨내지 못하는 것입니다.

종교가이며 시인이기도 한 어떤 사람은 10억의 사람에게 10억의 어머니가 있어도, 나와 어머니보다 더 훌륭한 어머니는 없을 것이라는 시를 썼습니다. 10억의 사람들 가운데서 이 여인을 어머니로 하는 신비로운 연을 소중히 지켜보고 있는 것입니다.

피가 통하고 있느냐, 통하고 있지 않느냐 하는 데 문제가 있는 것이 아니며, 이 만남의 신비로운 연(緣)을 지켜보며 연에 살고 연에 살고자 하는 곳에 진실된 애정과 감사의 뜻이 생기는 것입니다.

옛 시인의 시에 이런 구절이 있습니다.

'백금도 황금도 구슬도 무엇에 쓸 것인가, 무엇보다 소중한 보배, 자식보다 더한 것이 있으랴.'

다만 자기 자식이니까 최상의 보물이다. - 이런 표현의 작은 것은 아닙니다. 그것은 사람의 힘으로 좌우할 수 없는 너무나도 신비로운 만남이기에 소중한 보배인 것입니다.

이렇게 해서 첫울음 소리를 지르고 땅 위에 태어난 아기는 힘차게 무럭무럭 자라납니다. 그리고 물에 닿기도 하고 불에 손을 대기도 합니다.

아직 뜨겁다거나 차다고 느끼는 식별을 못 하는 단계이며 이것을 촉(觸)이라고 부릅니다.

이와 같이 이것저것에 스치고 손을 대고 하는 동안에 차갑고 따뜻한 것과 괴롭고 즐거운 것을 받아들이는 - 감수(感受)의 감각이 기능을 나타내기 시작해서 움직이게 되는 것을 수(受)라고 합니다.

이 수(受)의 감각을 움직임에 따라 자신이 바라는 것에 집착하게 됩니다. 그것을 애(愛)라고 합니다. 한번 이 애의 마음이 일어나면 그것을 자기 것으로 하고 싶어집니다. 그것이 취(取)입니다.

왜 취가 있는가 하고 그 인(因)을 살펴보면, 그곳에 무언가 있기 때문입니다.

"왜 산에 오르는가?"

이 질문을 받은 등산가가 "그곳에 산이 있기 때문이다!" 하고 답변을 했다고 합니다. 그곳에 산이 있으니까 올라가서 정복하고 싶다고 하는 것이 됩니다. 그것을 유(有)라고 합니다.

존재하고 있는 것, 그곳에 있는 것을 나의 것으로 하고 싶다고 유(有)의 관념은 인간이 살아있기 때문에 오는 것입니다. 살아 있는 한, 먹을 것과 입을 것과 거주할 곳을 확보해서 자신의 소유로 하지 않으면 안 됩니다.

그렇다고 하나 살다가 보면 당연히 늙게 되고 죽게 되는 노(老)와 사(死), 즉 늙음과 죽음이 닥쳐오는 것을 거절하거나 피할 도리가 없습니다. 이것이 십이인연(十二因緣)입니다.

(2) 늙고 · 병들고 · 죽는다

순순히 늙고 병들고 죽는 길

석가는 이와 같이 원인이 된 무명에서 결과인 늙음과 죽음의 '노(老) · 사(死)'에 이르기까지 사색했습니다.

다시 석가는 그것을 거꾸로 늙음과 죽음에서 생각을 일으켜 처음의 무명에 원인을 찾는 역(逆)의 길도 찾았던 것입니다.

즉 무명을 근본으로 해서 늙음과 죽음의 사실을 밝혀냄과 동시에 현실의 노사(老死)를 실감해서, 그 인(因)을 무명(無明)에서 구했던 것입니다. 그러나 반야심경은 이 십이인연을 깨끗이 잘라서 날려 버리는 것입니다. 그것은 본문의 '무명도 없고 또 무명이 다해 없어지는 일도 없다. 내지, 이렇게 해서 없어지는 일도 없다.'인 것입니다.

처음의 무명과 끝 부분의 '노 · 사'만을 무라는 부정사를 첫머리에 붙여서 날려 공(空)이 되게 하고, 중간에 있는 열 개의 연(緣)을 내지(乃至)로 해서 생략하고 있습니다. 십이인연 모두를 남김없이 공으로 돌려서 날려 버렸다고 하는 것은, 문체와 문맥으로 보아서 분명한 일입니다.

무명도 없다, 무명이 끝나고 다하는 일도 없다는 것은 모든 것을 남김없이 공으로 돌려, 날려버린 눈으로 실감해 보면 무명 같은 것은 없다고 부정하고 다시 이것도 부정해서 무명이 다해서 없어지는 일도 없다는 것입니다. 그것을 평범하게 말하면 욕망에 사로잡혀 어두움도 없고 이 사로잡힘과 어두움이 없어지는 일도 없다가 됩니다.

그것은 욕망의 어두움이 뿌리 뽑혀 완전히 없어지는 것은 아니다 - 그 어두움이 있는 그대로의 상태에서 그것에 젖거나 빠져들지 않는 마음을 장악하는 것입니다.

무명이라고 하는 이름의 사로잡음과 어두움은 있건 없건 크게 방해가 되지 않는다는 뜻입니다.

내지무노사 역무노사진(乃至 無老死 亦無老死盡)

마찬가지로 늙음도 죽음도 없다. 늙음과 죽음이 없어지는 일도 없다가 됩니다. 그것은 우리가 태어나면 반드시 늙어서 죽는다는 인과의 철칙에서 벗어나지 못한다는 것입니다.

생(生)·노(老)·사(死)를 공(空)으로 돌리고 날려버린다는 것은, 이것을 부정하는 것이 아니며, 생·노·사의 현실계에 살고 있으면서 그것을 싫어하고 좋아하는 감정에 집착하는 일이 없는 순순히 늙고, 순순히 병들고, 순순히 작별하고 떠나가는 삶의 자세를 자기 것으로 몸에 받아들이는 것입니다.

젊음의 아름다움보다 늙음의 아름다움

생, 즉 삶은 앞에서도 본 바와 같이 노·사, 즉 늙음과 죽음이라는 사실이 있어서 그것에 발목을 잡히고 끌려가는 일이 없다면 있어도 없는 것과 같습니다.

늙음과 죽음이 있는 그대로 늙음과 죽음의 감정에 끌리지 않고 늙어가야 하며, 죽어가야 한다는 것을 늙음과 죽음이 없는 그대로 늙어서 죽어간다고 해도 같은 뜻이 됩니다.

그러나 이것은 관념, 즉 생각으로는 쉽게 이해되고 그런 생각을 가질 수 있을지라도 정작 자신에게 닥쳐온 절박한 현실의 문제가 되면 그렇게 간단하게 되는 것은 아닙니다. 그렇다고 해서 그것이 불가능한 것은 아닙니다. 어떠한 행복이라 할지라도 그것에 젖어서 틀어잡고 매달려서 못 빠져 나오게 되면, 행복은커녕 비참하기가 이를 데 없습니다.

그와 반대로 늙고·병들고·죽음과 같은 불행한 일을 만나게 될지라도 그것을 순순히 받아들이고 있는 사람을 보면 그 본인은 두말할 것도 없지만 곁에 있는 사람들도 구원을 받게 되는 것입니다.

미국의 시인 휘트먼(1819~1892)은 인쇄공에서 신문기자가 되고, 남북전쟁에 참전하는 등 고난과 역경으로 점철된 일생을 보냈습니다.

그는 만년까지도 불행했었지만 미국의 대표적 시인이며, 그의 시 〈풀잎〉은 많은 사람들에 의해 읽혀지고 있습니다. 그는 종래의 형식에 사로잡히지 않았으며, 자유와 아름다운 자연의 모습을 찬양한 작품을 많이 썼습니다. 자연뿐만이 아니며 어두운 인생에서도 아름다움을 발견하고 있습니다.

여인이 있다
두 사람이 간다
젊음은 아름다워라
늙음은
더욱 아름다워라

젊은 사람의 아름다움은 말할 것도 없다. 그러나 늙은 편이 더욱 아름답다는 것입니다.

젊음의 아름다움은 설명할 필요가 없습니다. 늙음이 아름다운 것은 육체가 아니며 마음의 아름다움인 것입니다. 그도 긴 인생의 여정에서 괴로움과 수고로움도 당했으나 그것에 눌리거나 깔리지 않고 상처입지 않고 그때마다 자신을 갈고 닦았던 정성의 아름다움입니다.

차를 끓여서 마시는 기구나, 꽃을 담는 꽃꽂이 기구, 꽃병 같은 것은 새로 구입한 것보다 오래된 것이 가치가 있습니다. 그러나 흠이 있거나 녹이 나 있으면 가치가 반감됩니다.

그저 오래된 것이라고 하는 것만으로는 안 되는 것입니다. 정성에 정성을 더 해서 곱게 흠 없이 간직했을 때에만 신품과 차원이 다른 아름다움이 갖추어지는 것입니다.

인생도 같습니다. 태어나면 반드시 늙습니다. 수많은 인생의 성패에 부딪치고 그때마다 빗나가지 않도록 비굴과 자포자기에 빠지는 일이 없도록 자신을 소중하게 다루고 정성을 다해서 나이를 더해 가야겠습니다.

그래서 늙어 나이 드는 것이 더욱 아름답다고 이해할 수 있게 되면 늙음도 죽음도 없다, 늙음과 죽음이 없어지는 일도 없다고 말하는 반야심경의 마음을 명확하게 실감할 수 있게 될 것입니다.

쾌락을 추구하는 행위에 괴로움이 깃든다

무고집멸도(無苦集滅道)

심경에는 다시 '고(苦)도 집(集)도 멸(滅)도 도(道)도 없으며 지(智)도 없고 또 득(得)도 없으며, 얻는 것이 없는 것으로써 하는 까닭에'라고 여전히 '없으며, 없고'가 이어지고 있습니다.

이 고(苦)·집(集)·멸(滅)·도(道)의 네 가지 진리를 사제(四諦)라고 하며, 이것이 석가의 가르침인 근본입니다. 제(諦)는 원어인 범어 사티야의 역어이며 진리의 뜻입니다.

역어인 제(諦)는 체념이란 말 때문에 흔히 포기하거나 단념하는 뜻으로 오해되기 쉽습니다. 원래 이 제(諦)는 자세히 알고 밝게 알아서 마음을 밝고 즐겁게 한다는 뜻입니다. 분명히 밝혀 봄으로써 사정을 밝혀 준다는 뜻이지, 막연하게 체념하거나 포기하거나 단념한다는 뜻이 아닙니다.

이와 같이 사색의 과정을 거쳐서 오는 깨달음으로서의 제(諦)에 도달한 단념(斷念), 즉 다음 진리의 길을 택하는 결단으로서의 단념인 것입니다. 자칫하면 우리는 그 사이를 과정으로서 거치지 않고 비약해 버리기 때문에 인생의 인식을 그르쳐 버리는 것입니다.

제1의 고제(苦諦)는 이 세상은 괴로움이라고 하는 진리이며, 제2의 집제(集諦)는 괴로움의 원인은 무상(無常)과 인간이 자기와 관계가 있는 사람을 두둔하고 자기 마음대로 하는 집착에 있다는 진리입니다.

제3의 멸제(滅諦)는 무상(無常)과 집착을 넘어서는 것이 괴로움을 없애버린 깨달음의 밝아진 세계라고 하는 진리이며, 제4의 도제(道諦)는 이 멸제에 이르기 위해서는 여덟 가지의 바른 길, 즉 팔정도(八正道)를 수행해야 한다는 진리입니다.

앞에서, 석가가 번뇌를 벗고 진리의 눈을 떠 인생의 참된 길을 깨닫게 되었을 때 200km의 길을 7일 간 계속 걸어서 녹야원에 있는 다섯 친구들에게 제일 먼저 알리고 가르쳐 주었다는 것을 이야기한 바 있습니다.

그것이 석가의 처녀설법(處女說法) - 초전법륜(初轉法輪)이라고 함 - 입니다. 그때의 내용이 이 사제(四諦)입니다. 이후 석가는 입적(入寂) - 열반(涅槃)하기까지 50년 간 계속해서 참된 인생의 길을 알리는 내용도 바로 이 사제, 즉 네 가지 깨달음이었습니다.

먼저 한 마디로 인생은 괴로움이며 고행길이다, 그것이 진리인 것을 알았습니다. 이것을 알려고 한다면 누구라도 얼마 간 저항감을 느끼지 않을 수 없을 것입니다.

실제로 현대의 표면에는 괴로움[苦]이 인생고(人生苦)로서 심각하게 다루어지고 있는 경우를 눈 씻고 찾아보려 해도 보기 드문 일이 아닐 수 없습니다.

여가를 즐기고 의식주(衣食住)는 충족되어 있는 형편이므로 인생은 즐거운 것이라 해서 웃음이 그칠 날이 없을지도 모릅니다. 그러나 다시 한 번 생각해 보면 그러한 사람들도 쉴 새 없이 쾌락을 추구하지 않고는 배겨내지 못하는, 무언가에 쫓기고 있는 것 같은 심리적 상황이 안 풀리는 갈등만은 부인할 수 없을 것입니다. 괴로움, 즉 괴롭다는 사실을 감추려는 몸부림으로밖에 볼 수 없다고 해도 지나친 말은 아닐 것입니다.

표면이 화려하고 소란스러우면 소란스러울수록 그것은 아이러 니하게도 인생은 괴로운 것임을 증명하고 있는 것이 됩니다.

인생의 괴로움, 즉 고통은 맨 먼저 태어남에서부터 시작된다고 보는 견해가 있습니다. 불교인이 아닌 경우에도 '태어나지 않았더 라면' 하는 시가 나온 것을 보면, 그런 견해가 있는 것을 입증하는 말인 듯 합니다.

이 세상에 태어난 사람은 어느 한 사람도 반드시 늙고 병들고 죽는다고 하는 철칙을 벗어나지 못합니다.

태어난 생(生)이 인(因)이며, 늙고 · 병들고 · 죽는 것이 과(果)인 것입니다.

오늘 죽은 자는 내일의 나의 모습

유명한 시인이 불치의 병석에서 쓴 짧은 시가 하나 있습니다. 내용은 대략 다음과 같은 뜻을 담고 있습니다.

흔들리지 않으리라 맹세한 마음
흔들리는구나
일어날 일이 있으리라는
기약도 없고 보면

병에 걸린 이상, 다시 일어나서 살 수 있게 되는 재기(再起)의 날은 전혀 예상할 수 없었다. 흔들려서는 안 된다고 맹세했던 마음도, 태풍에 일엽편주가 휘말리듯 가엾게도 줄곧 흔들리고 있음을 술회하고 있는 것입니다. 진실로 가슴 아픈 일이 아닐 수 없습니다.

석가가 아직 출가하기 이전, 싯달타 왕자라고 불리우던 때의 일입니다. 어느 날 종자(從者)를 데리고 성 밖으로 나갔을 때 상여를 멘 장례의 행렬을 만나게 됩니다. 싯달타 왕자는 따라오던 종자에게, "저것은 무엇인가?"하고 물었습니다. 종자는 사실 대로 "죽은 사람을 장사지내는 것입니다."하고 대답했습니다. 다시 그는 계속해서 싯달타의 묻는 말에, 인간의 최후는 누구든지 저 모습이 되는 것이며 누구라도 예외가 없다고 대답했던 것입니다.

여기서 유의해야 할 점은 질문에 두 가지의 형식이 있다는 것입니다. 하나는 모르기 때문에 묻는 경우이며, 자녀들이 부모에게, 학생들이 선생님께 묻는 것이 여기에 속합니다.

또 하나는, 질문을 하는 사람이 대답을 하는 사람보다 더 정확하게 알고 있지만, 그 점을 대답자에게 확인시키기 위해서 굳이 질문을 하는 경우입니다. 선생님이 학생들에게, 부모가 자녀들에게 질문하는 것이 그것입니다.

싯달타의 질문은 제2의 유형입니다.

인간은 예외 없이 죽는다. 나도 언젠가는 나를 아는 여러 사람들과 영원히 헤어져야 할 때가 온다, 그래도 그 가운데 한 사람인 것을 확인하는 것이 좋다, 저 장사 지내는 중심인물인 죽은 사람은 나와 그대가 어느 날인가 그렇게 될 모습인 것이며 조금 앞서 가는 것뿐이라는 것을 알아야 한다는 뜻입니다.

사신(死神)과 경쟁으로 일한다

석가는 기회 있을 때마다 "늙음은 무엇인가, 병은 무엇인가, 죽음은 무엇인가?"하고 질문합니다. 그리하여 인생의 진실을 지켜보고 뚫어보려 했던 것입니다.

그러나 그에 대한 답변은 지극히 상식적이며 정의적(正義的)인 것으로서 그 안에는 조금도 놀라고 아프게 생각하는 것이 없었습니다. 그들의 인생에 대한 무관심에 싯달타는 실망이 컸고, 불만을 참을 수 없었습니다.

저 관(棺)은
어디로 가는 것입니까?
- 화장터에
그리고 또 어디로 가는 것입니까?

- 무덤으로

그 다음에는 어디로 가는 것입니까?

- 모르겠습니다

어떤 시인이 쓴 〈관(棺)〉이란 시였습니다. 우리들도 흔히 출상하는 상여와 장의 행렬을 만나게 됩니다. 늙음과 병듦을 포함해서 인생의 괴로움이 그 안에 들어있는 것입니다.

가깝고 친하게 지내던 사람과 사별할 때, 세상과 인생이 무상함을 느끼고 괴로움과 아픔을 맛보게 됩니다. 이것이 인생의 제1차 부정(否定)입니다.

타인의 죽음에 대해서는 자기와 관계없다고 생각해서 예사롭게 지나버립니다. 자신도 언젠가는 그 가운데 한 사람이 된다는 자각증상(自覺症狀)이 없습니다. 자각이 없는 병은 어김없이 명 재촉을 하는 것이며, 마침내는 목숨을 빼앗아가고 맙니다. 자각이 없는 마음은 무명의 괴로움이 됩니다. 그리고 그것은 언제까지나 모르고 지내게 되는 것도 아닙니다. 언젠가는 스스로 그런 생각이 들게 되는 것입니다.

죽음은 인생의 종착역입니다. 싫어도 그곳에 가야 하는 것이며, 반드시 도착해야 할 역입니다. 도착해서 내려졌을 때 내가 왜 여기 왔는가, 이곳에 온 목적이 무엇인가 하고 당황하게 될 정도가 되면, 엄숙하고 존귀했던 자기 인생에 대해 너무나도 소홀했음을 뉘우치지 않을 수 없을 것입니다.

인생을 무상이라 느끼는 제1차 부정은 소중한 것입니다. 그러나 그곳에 멈춰 버리면 우리들의 인생을 전개하지 못합니다. 반드시 제2차의 부정이 필요하게 됩니다. 97세까지 살면서 선(禪)의 사상과 염불을 연구해서 훌륭한 논문을 많이 남긴 학자가 있었습니다.

이 학자는 한 편으로는 연구하고 저서를 쓰고 강의를 하면서, 한편으로는 미국에서 미국 시민들에게 인생의 진리를 알리는 4중의 활동을 했던 것입니다. 이 학자는 1966년, 97세로 별세하기까지 "나는 사신(死神)과 경쟁으로 일한다."고 말하면서, 최후의 날까지 정력적으로 일하다가 보람찬 일생을 마쳤습니다.

이와 같이 언제 어떻게 될지 모르는 소중한 나의 생명을 사랑하고 아껴서, 1분 1초라도 충실한 생활을 하는 것이 제2차의 볼록렌즈로 바라본 인생인 것입니다.

반야심경은 다시 그것을 날려버려 공이 되게 합니다. 쉽게 말하면 반야의 지혜인 것입니다. 늙음도 죽음도 없으며 늙음과 죽음이 없어지는 일도 없다는 것입니다.

늙음·죽음이 엄연하게 존재하는 이 인생에 있어서, 한 걸음 더 나가 늙음과 죽음에 사로잡히지 않는 든든한 마음의 눈을 뜨고, 인연의 법칙에 따라 깨끗이 늙고 죽어가는 것입니다.

왜 오래 사는 것에 집착하는가

다음은 집제(集諦)제입니다. 늙고 병들어 죽는 것이 싫다면 태어 나지 않으면 되는 것이다 - 이것이 '태어나지 않았더라면'이란 말이 갖는 어감(語感)인 듯합니다.

늙고 병들어 죽는 세 가지 괴로움의 원인이 출생, 즉 이 세상에 태어났기 때문이라고 생각한다면 그런 추상적 논리적 귀결이 될 수밖에 없습니다.

그러나 석가는 다시 깊이 그것을 파고들어 가서, 괴로움의 인(因) 을 멀리 무명에서 찾아낸 것입니다. 다시 '태어나지 않았더라면'하 는 생각의 사고방식을 부정하는 것입니다.

누구든지 자신의 일생 동안에는 괴로움도 있고 즐거움도 있습니 다. 입학시험은 괴로우나 뜻이 맞는 친구와의 여행은 즐거운 것입 니다.

인생은 괴로운 것이라거나, 이 세상 모든 것은 괴로움뿐이라는 말을 들으면 그것이 무엇을 뜻하는 말인지 쉽게 납득이 안 갑니다.

석가는 틀림없이 인생은 괴로운 것이라고 말하고 있습니다. 그러나 일생 동안 모든 것이 괴롭다고 말하고 있는 것은 아닙니다.

괴로움과 즐거움의 어느 한쪽에만 치우쳐서 인생은 괴롭다, 아니다, 즐거운 것이다, 이렇게 생각해 버리는 것이 괴로운 것이라 고 말하는 것입니다. 태어나지 않았더라면 하는 한 가지만 생각하는 편견에서 벗어나지 못하는 경우 마침내 자신을 괴롭게 하는 것이란 뜻입니다.

석가가 일체(一切)는 괴로움이라고 말했던 것은 틀림없는 사실입니다. 그러나 여기서 말하는 일체는 아무것이나 '모두 다'라는 뜻이 아니며, 어느 한쪽으로만 치우친 생각을 하게 되면 즐거움도 괴로움이 되고, 괴로움은 더욱 더 괴롭게 된다고 하는 것입니다. 즉 편향적인 생각이 모든 괴로움의 원인이라고 하는 것입니다.

우리는 우리들 나름대로 괴로움의 내용을 다시 한 번 살펴볼 필요가 있습니다. 먼저 첫째로 오는 것이 자신의 마음대로 안 되는 초조감입니다. 얘기했던 바와 같이 일이 진행되지 않을 때에는 고통을 느끼게 되는 것입니다.

둘째로, 한 치 앞을 내다 볼 수 없어서 어떻게 될 것인지 모르는 불안감입니다. 한 치 앞이 안 보인다고 할 때에는 교통사고를 당하게 될지도 모르는 일입니다. 때로는 우리는 비행기를 타는 경우가 있지만, 무슨 일이 생겨서 갑자기 기체에 고장이 난다면 하는 불안감을 느끼는 일이 있습니다.

그 불안은 죽음의 환상이 되어서 자신을 괴롭힙니다. 이것을 정리해서 생각해 보면 결국 자기중심으로 생각해서 행동하고 자신의 목숨을 조금이라도 늘려서 오래 살고 싶다는 집착에서 오는 괴로움인 것을 알 수 있습니다.

번뇌가 있어야 깨달음이 있다

석가는 이에 관한 것을 십이인연(十二因緣)에서 밝혀 주고 있습니다.

즉 무명(無明)에서 태어난 우리들이 몸과 마음의 성장과 더불어 애(愛)·취(取)·유(有)의 과정을 거치면서 물질적으로나 정신적으로나 눈으로 만든 눈사람처럼, 외부에서 붙여 놓은 살덩이 위에 감아서, 제멋대로의 자아를 형성한 것입니다. 그것이 괴로움의 원인이라는 사실을 분명히 느끼고 알게 되는 진리가 이 제2의 '집제(集諦)'인 것입니다.

원인을 알면 그 처리방법을 강구할 수 있습니다. 그 진리를 밝히는 것이 제3의 '멸제(滅諦)'입니다.

멸(滅)이라고 하면, 우리는 멸망으로 직관하기 쉽습니다. 그러나 본래의 의미는 욕망의 집착에서 벗어나 진리를 깨닫고 생사의 괴로움을 초월하는 것입니다.

학자들은 현장(玄奘)의 멸(滅)이란 번역어에는 억제한다는 어감이 있음을 지적하고 있습니다. 무명에서 태어난 우리들은 살아있는 한 여러 가지로 번뇌를 겪고 괴로워합니다. 그것은 사실입니다.

"나는 30년 동안 좌선(坐禪)을 해왔기 때문에, 번뇌(몸과 마음을

226

시달리게 하고, 어지럽히고, 귀찮게 하고, 사로잡혀 방황하게 하고, 더럽히는 정신작용)가 말끔히 없어졌습니다."

이 자랑스러워하는 말은 스님들에게서 가끔 들을 수 있습니다.

이와 같은 것을 '선천마(禪天魔) - 선을 들은 풍월로 뽐내면서 그릇된 방향으로 독주하는 것이며 바른 선관(禪觀)을 해치는 악마적 존재'라고 합니다.

이런 말을 들은 어떤 고명한 큰 스님은 그에게 초상난 집에서 하는 조문의 인사를 했다고 합니다.

"정말 얼마나 상심(傷心)이 되시겠습니까?"

이런 인사말을 듣고 그는 화를 내면서 이유를 말하라고 대들었다고 합니다. 그래서 할 수 없이 큰 스님은 이렇게 대답했다고 합니다.

"번뇌가 있어야만 벗어나고 깨달을 수 있습니다. 번뇌는 벗어나고 깨닫는 밑천입니다. 당신은 그 밑천을 없애버렸습니다. 안됐습니다. 그리고 인간은 살아 있는 한 번뇌가 없어지는 것이 아닙니다. 그것이 없어질 때는 사람이 죽은 뒤인 것입니다. 그래서 얼마나 상심이 되셨는지 물어 본 것입니다."

악의가 있어서 비꼬아 하는 말이 아니었으므로 그는 쾌히 받아들이고 이해할 수 있었다는 것입니다. 그리고 두 사람은 서로 손을 잡으면서 웃었습니다.

이 번뇌를 계속해서 제지해 나가는 바람이 멸(滅)이라는 번역

문자에 뉘앙스로서 들어 있는 것이 아니겠습니까?

그리고 이 바람을 훈련에 의해서 몸에 배게 해야겠습니다. 그리고 인간이 진정한 의미에서 행복하게 되는 실천의 진리가 제4의 '도제(道諦)'입니다.

가득 차 있는 지식과 살아 있는 지혜

도제(道諦)는 '팔정도(八正道)'라고 하는 여덟 가지 실천 덕목의 하나입니다. 여기서 말하는 '정도(正道)'는 '중도(中道)'와 같은 뜻의 말입니다.

앞에서도 본 바와 같이 중도(中道)란 단순히 어느 정도로, 웬만큼, 적당히라든가 보태어 둘로 나눈다는 식의 안이한 의미가 아닙니다.

중도는 도리에 들어맞는 것, 도리에 적중한다는 뜻입니다. 인간이 마땅히 해야 할 도리에 일치되어야만 하는 것입니다.

불교에서 말하는 도리는 인연(因緣)입니다. 인연의 이치에 따르는 것이 중도입니다. 인연의 이치를 밝혀 깨닫는 것이 정도인 것입니다.

인연의 법(法)에 따르고, 인연의 이치에 눈뜨게 되면 자연히 집착심도 해소되고 극단으로 달리는 일도 없게 됩니다.

이렇게 불교에 있어서는 바르고 바르지 못함, 즉 정사(正邪)를 판정하는 기준을 인과의 이치에 두고 있습니다. 그 이치, 즉 법칙과 도리에 맞는 것은 정도이며 그렇지 못한 것은 사도(邪道)입니다. 인과의 궤도에 올려놓고 살면 집착심이 일어날 까닭도 없으며 집착의 포로가 되지 않는 곳에서 크고 깊은 자유가 얻어집니다.

이 자유를 얻음으로써 비로소 균형이 잡힌 마음과 몸이 자라게 되는 것이며 현실을 정직하게 지켜 볼 수 있는 지혜가 얻어지는 것입니다.

이 팔정도는 다음과 같습니다.

· 정견(正見: 바르게 사제[四諦]의 도리를 봄)
· 정사(正思: 바르게 사제의 도리를 생각함)
· 정어(正語: 진실한 말을 가지고 이야기함)
· 정업(正業: 죄 없이 깨끗하고 맑은 몸과 마음가짐)
· 정명(正命: 바른 생활)
· 정정진(正精進: 집착에서 벗어나 진리에 눈뜨는 길로 정진하는 것)
· 정념(正念: 바른 길을 염원하고, 정도를 생각하는 것)
· 정정(正定: 바른 정신의 집중과 그 안정)

석가의 설법(說法: 진리에의 길, 진리의 길을 풀어서 알려주는 것)은 중도를 팔정도로 해서 팔손이 나뭇잎처럼 하나씩 하나씩 전개됩니다.

그러나 모두가 독립되어 있음과 동시에 그 기점에 있어서는 각각 하나가 다른 일곱 가지를 포함하고 있는 것입니다. 이것을 호구(互具: 서로 같이 갖고 있음)라고 합니다.

중도(中道)는 결코 정도가 알맞은 것 따위의 흔하게 있는 사고방식이 아니라고 말했습니다. 그것은 이 팔정도에서 보는 바와 같은 엄격한 실천에 의해서 비판하는 것입니다.

그리고 그 기준이 인연법(因緣法)에 있다고 하는 것은 두말할 것도 없습니다.

반야심경은 이 팔정도마저도 없다 해서 날려 버리고 공(空)이 되게 합니다. 모처럼 어렵게 쌓아 올린 팔정도를 날려 버리고 공이 되게 하는 반야의 지혜에 얼마간 너무 달라져서 안 어울리는 느낌을 갖게 된다면 그만큼 반야의 사상에 접근해 있는 것이라고 믿을 수 있습니다.

무지역무득(無知亦無得)

"아는 것도 없고, 또 얻은 것도 없다."

우리 현대인은 여러 가지의 잡다한 지식을 너무 많이 흡수하고 있습니다.

탱크에 가득 찬 지식은 혀끝에서 나오는 말만 반지르르할 뿐 살아 있는 정신으로 몸에 배어 있지를 못합니다. 그저 알기 위해서 알아 둔 것만의 세계에 머물러 있다는 사실에, 아무런 불만도,

이래서 될 것인가 하는 느낌도 없어진 것입니다.

지식이 아닌 지혜의 존재, 반야

어느 젊은 여대생이 "사람이 아는 것(to know)에 그쳐서는 안 된다. 이루어지는 것, 되는 것(to be)으로 옮아가지 않으면 안 된다는 것을 배우고 감격했다."고 하는 말을 들은 적이 있습니다.

생(生)·노(老)·병(病)·사(死)의 사제(四諦)제와 앞에 나온 팔정도(八正道)를 다만 아는 것에 그치지 않고 그것을 날려버리고 공(空)으로 하지 않는다면 생(生)이 될 수 없을 것이며, 사(死)가 될 수 없을 것입니다. 관념의 유희를 벗어나 공(空)이 되게 하지 못한다면 진정한 지혜는 얻을 길이 없습니다.

사제와 팔정도를 알았다고 하는 집착을 버리고, 사제와 팔정도의 진의, 즉 참뜻을 살리기 위해서 고(苦)도, 집(集)도, 멸(滅)도, 도(道)도 없다 하는 부정의 형식으로 나타내고 있습니다.

아무리 훌륭한 가르침일지라도 그것을 틀어잡고 떠나지 못하게 될 때에는 이 집착 때문에 잘못을 범하게 되는 것입니다.

자기가 속해 있는 종파나 자기가 믿고 있는 종교만이 진짜이고 다른 종교나 종파는 모두 가짜이거나 사이비 종교라 해서 헐뜯고 비난하는 것이 그 좋은 예입니다. 신앙에 너무 깊이 빠져들어서 자신의 직무를 태만히 하거나 가정을 등한히 하는 것도 마찬가지입니다.

뿐만이 아닙니다. 진리라 하지만 그 가르침에 집착해 버리면 마침내 그 교의(教義)마저도 오해하기에 이르고 맙니다. 이 무서운 집착을 풀기 위해서는 벗어나고, 없애고, 날려 버림으로써 공(空)이 되게 하는 반야의 지혜를 몸에 갖추어야만 하는 것입니다.

독립해서 존재할 수 있는 실체가 없기 때문에, 그 실체 없음을 확인해서, 사로잡던 것을 없애고 날려 버려서 공(空)이 되게 하므로 자유의 위대한 기능을 살려서 자유를 행사하며 살아갈 수 있게 되는 것입니다.

이제까지 있었던 것을 남김없이 없애고 날려 버려서 아무것도 없는 공(空)이 되게 하므로 언제나 신선한 것입니다.

그렇다면 도대체 반야의 지혜란 구체적으로 말하면 어떠한 모습과 빛깔을 하고 있는 것인가, 그것을 얻은 사람은 후광(後光)이라도 비치는 것인가 하고 상상해 보고 싶어지는 것입니다.

그러나 만약 그와 같은 것이 있다면 물론 그것은 반야의 지혜가 아닙니다. 그리고 그런 생각에 잠겨 있어서는 반야의 지혜를 얻을 수 없습니다.

우리가 지니고 있는 지식의 밖에 있는 존재이므로 지(智)도 없다고 반야심경은 못박아 다짐하고 있는 것입니다.

지(智)도 없다 - 무지(無智)란 실은 큰 지혜를 가리키는 말입니다.

우리는 여러 가지를 알고 있는 것 같지만 사실은 지극히 잡다한 내용인 것뿐입니다. 특히 자기중심으로 만들어진 대립적인 지식을 한 번 쯤 뿌리째 남김없이 도려내고 없애버려서 무내용(無內容)으로 하지 않고는 집착의 자아가 사라지지 않습니다.

무내용(無內容)은 또 허심탄회(속에 막힌 것이 없고 개운해서 넓고 평화로운 마음)라고 해도 좋은 것입니다. 그것이 지(智)도 없다는 경지이며 그곳에서 큰 지혜[대지(大智)]가 나오는 것입니다.

또 자아에 집착하는 마음을 없애고 이기적인 마음의 뿌리를 뽑아버리면 손해도 없지만, 그렇다고 해서 아무런 득도 얻어지는 것이 아니므로 득(得)도 없다고 말하게 되는 것입니다.

[불보살문] 칠장사 대웅전 범종 (한국/조선)
　보살이 활짝 핀 한 송이의 연꽃 위에 서 있는 모습. 천의는 두 어깨를 감싸고 아래로 자연스럽게 흘러내리며 두 손은 모으고 있다. 머리에는 두광을 표현하였다.

제7장
공포심과 평안한 마음

- 괴로운 인생을 즐겁게 하기 위하여 -

출가(出家)하기는 어려운 일이다.
집에 살기는 괴로운 일이다.
함께 살아 이익을 같이 하기 어렵고
가난의 괴로움 속에 살기는 더욱 어렵다.
어찌 아니 스스로 힘쓸 것이냐?
스님들 나가 탁발도 어렵나니 -
어쨌든 도를 따라 한길로 나아가자.
그 속에는 의식이 스스로 있느니라.

以無所得故

이무소득고

菩提薩埵 依般若波羅蜜多故 心無罣礙 無罣礙故

無有恐怖 遠離顚倒夢想 究竟涅槃

보리살타 의반야바라밀다고 심무가애 무가애고

무유공포 원리전도몽상 구경열반

얻는 바 없음으로인 까닭에 보리살타(菩提薩埵)는 반야바라

밀다(般若波羅蜜多)에 의하므로 다음에 가애(罣礙)가 없다. 애

(礙)가 없으므로 공포가 있을 수 없고 전도몽상(顚倒夢想)을

원리(遠離)해서 열반(涅槃)을 구경(究竟)으로 한다.

얻는다고 하는 일이 없으므로 여러 구도자의 지혜의 완성을

신뢰하여 마음을 놓고, 사람은 마음을 가리는 일이 없이 살고

있다. 마음을 가리는 것이 없으므로 두려움이 없으며, 전도(顚

倒)된 마음을 멀리 떠나서 영원의 평안에 들어가 있는 것이다.

236

제행무상(諸行無常)이란 현재진행의 세계관

이무소득고 보리살타(以無所得故 菩提薩埵)

이 대목의 한 절(節)은 옛날부터 두 가지로 문장의 단락을 짓는 방법이 있습니다.

그것은 첫 머리의 한문역(漢文譯) '무소득(無所得 - 얻는 바 없음으로써)인 까닭에'를 앞 절에 붙이는가, 뒷 절에 붙이는가 하는 것입니다. 선인들은 대개의 경우 후자를 택하고 있는 듯합니다. 그렇게 하는 것이 문맥이 분명해지기 때문입니다.

여기서 '소득이 없는 까닭에'라고 하면 세무서에 과세감액의 청구를 하는 것처럼 여겨지기도 할지 모릅니다. 또 돈벌이에 안색이 변하고 있는 현대인은 무슨 웃기는 소리냐고 반문할지도 모를 일입니다.

반야심경은 앞 단[전단(前段)]에서 지(智)도 없고, 득(得)도 없다고 지식과 재산의 난(欄)에서 무(無)의 신고를 합니다.

그러나 최후의 집계에 이르면 얻은 바 없음으로인 까닭에 보리살타라고 하는 큰 도장이 거룩하게 찍힙니다. 그곳에 세무서와 신심(信心)의 세계와의 차이가 있을 것입니다.

보리살타라고 하면 일반인으로서는 대단히 어렵게 느껴집니다.

그러나 글자 풀이를 해 보면 그것은 우리 인간의 이상적인 모습을 상징하는 말입니다. 이상상(理想像)입니다. 범어(梵語)의 보디샷 트봐(bodhisattva)를 소리가 비슷한 글자로 옮겨 번역한 것이며 더 줄여서 보살(菩薩)이라고도 합니다. 욕망의 집착과 그로 인한 번뇌에서 벗어나, 깨닫고 밝은 진리의 길을 찾아 가고자 하는 사람, 즉 구도자(求道者)를 가리키는 말입니다.

앞에서 나온 어떤 선사는 보리살타의 주(註)에 '이 길을 가는 사람, 지금도 이 이름인 것이다'라고 써서 남기고 있습니다.

의반야바라밀다고(依般若波羅蜜多故)

남김없이 홀로 독립해서 존재할 수 있는 실체가 없음을 확인하여 날려 버리고 공(空)이 되게 함으로써, 자신의 것은 무엇 하나 없는, 무엇 하나 없다고 하는 것도 없는, 자신도 없는, 없는 자신이 라고 하는 것도 없는 - 이 무소득의 의미를 바르게 아는 것이 반야의 지혜인 것입니다.

그러나 그 지혜를 얻었다고 하는 자각마저도 없는 것이 반야바라 밀다에 의하므로 고(苦)인 것입니다.

남김없이 날려 버리고 공(空)이 되게 한다는 것은 어느 곳에도 머물러 있지 않는다고 해도 좋을 것입니다. 모든 것은 멈추면 그 순간부터 기능이 정지되어 버립니다. 고속도로에서도 차량이 멈추면 바로 그 순간부터 차량의 기능이 뚝 떨어지는 것을 볼 수 있습니다.

하늘을 나는 비행기가 정지하면 추락하지 않을 수 없습니다. 지식이 있다고 하는 곳에도 멈추지 말라, 없다고 하는 곳에도 멈추지 말라, 멈추지 않는다고 하는 마음에도 멈추지 말라 - 이렇게 계속해서 정체하지 않도록 밀고 나가는 것이 반야의 지혜입니다.

이 세상의 모든 것이 옮아가고 바뀌고 변하면서 강물처럼 흘러가고 있는 것입니다. 그것을 제행무상(諸行無常)이라고 합니다. 제행무상이라고 하면 어딘지 모르게 대단히 쓸쓸한 어감을 지니고 있습니다.

이 '추이(推移: 변천해 가는 것)를 비애로 보는 감정'으로 보는 경우도 있습니다. 또는 제행(諸行) 무상관(無常觀)을 현재진행형의 세계관으로 받아들이기도 합니다. 영어에서는 동사의 어미에 'ing'를 붙여서 현재진행형을 나타냅니다. 즉 추이를 가리키고 있는 것입니다. 즉 현재진행형을 갖춘 눈으로 보는 것입니다. 그렇게 되면 멈추어 있는 것은 아무것도 없습니다. 이 도리, 즉 이치를 참으로 알게 되면 무슨 일에건 집착하는 것의 무의미함을 잘 알 수 있게 됩니다.

그러나 알았다고 해서 그곳에 걸터앉아 있어 버리면 안 됩니다. 무상관에 걸려서 막혀 있으면 인간은 허무적이 되어 버립니다. 일어서서 앞으로 자신을 밀고 나가야 합니다. 현재진행을 잊어버려서는 안 되는 것입니다.

자기 자식에게 사과하는 부모가 되기도 한다

심무가애(心無罣礙)

그러면 마음에 가애(罣礙) 없다고 하는 마음의 풍광(風光)이 느껴지게 됩니다. 가애란 '가로막다 · 방해한다'는 의미이며, 반야심경의 현대어역에는 '가리어지는 일 없이'라고 되어 있습니다. 더욱 분명하게 구애되는 일이 없다, 구애되지 않는다고 해도 좋을 듯합니다.

구애 받는 일이 없으므로, 두려움이 없다 - 두려울 것이 없다, 이것이 - 가애가 없으므로 공포가 있을 수 없다 - 고 심경에 나와 있는 뜻입니다.

무가애고 무유공포(無罣礙故 無有恐怖)

이에 대해서는 다음과 같은 사례를 통하여 그 뜻을 음미해 보기로 하겠습니다.

지금은 결혼해서 세 아이의 엄마가 된 어느 미모의 여자가 초등학교 1학년이었을 때의 이야기입니다.

몹시 무더운 여름의 어느 날, 가족들과 같이 식사를 하고 있던 그 딸의 아버지가 손에 들고 있던 물컵을 떨어뜨렸습니다. 컵은

식탁에 떨어져서 깨지고, 물이 방바닥에 뚝뚝 떨어졌습니다. 아버지는 곁에 있는 딸아이에게, 빨리 닦을 것을 가져오라고 일렀는데, 그 딸은 일어날 기색조차 보이지 않고 있었습니다. 아버지는 성미가 급하여 자기도 모르는 사이에 딸을 큰 소리로 꾸짖었습니다.

그러자 아이는 혼잣말처럼 '나도 빨리 커서 어른이 돼야겠어. 어른은 자기 마음대로야. 사과를 안 해도 되거든.'하고 중얼거렸다는 것입니다. 순간 그 아버지는 그야말로 머리에 물을 끼얹은 것처럼 충격을 받아 이성을 되찾지 않을 수 없었다고 합니다.

"미안하다 미안해, 아빠가 정말 잘못했어. 닦을 것을 좀 가져다주겠니?"하고 나직이 말했더니 "네."하고 일어나서 닦을 것을 들고와 주었습니다.

조금 전까지만 해도 아버지라는 권위에서 순간순간을 처리했던 것입니다. '내가 명색이 아버지 되는 사람인데!'하는 의식에 구애되고 있었기 때문에, 심한 소리가 튀어나오게 됐던 것입니다.

잘못이 있으면 상황에 구애됐던 그 구애를 버리고, 깨끗이 그 자리에서 자식에게 사과하는 그런 부모가 되어야만 합니다. 그것이 진실한 부모의 자비인 것입니다.

물론 딸이 아버지를 가르친다고는 생각하지 않았을 것입니다. 그렇다면 딸의 말은, 딸의 말임과 동시에 그와 같이 말하게 하지 않고는 가만히 있을 수 없는 위대한 바람이 딸에게 작용해 갔음에 틀림없습니다.

그것은 딸을 밖으로부터 감싸줌과 동시에, 딸의 내부에까지 침투해서 내재하는 초월적 무의식, 즉 초월해서 있는 무의식이 말하고 일깨워 주었던 것이라고 해석할 수 있습니다.

그로부터 그 가정에는 잘못이 있으면 누가 말하기 전에 자진해서 자기들끼리도 사과를 하게 되었다는 것입니다. 어린 그들의 마음에서도 잘못이 있었다면 부모도 우리에게 사과를 하는데 - 하는 친근감과 신뢰감이 스스로 우러나왔던 것이 아니겠습니까?

이것을 자신의 입장에서 말하면, 자신인 내가 그를 낳아 길러 준 부모라는 사실에 구애받지 않게 되고 나면, 자신뿐만 아니라 아이들까지도 역시 두려워하는 마음이 없어지는 것입니다.

그것이 그대로 반야의 지혜라고 말할 수는 없습니다. 다만 자기보다도 약한 사람에게 사과하는 마음을 직심(直心) 또는 유연심(柔軟心)이라고도 합니다.

이 마음은 참회에서 우러나오는 것임과 동시에 반야의 지혜를 힘입은 것이며 그 은혜라고 말하고 싶은 것입니다.

자신의 것은 아무것도 없다고 하는 지혜

원리(일체)전도몽상(遠離[一切]顚倒夢想)

다음으로 이 반야의 지혜는, 다시 일체의 전도몽상(顚倒夢想)을 원리(遠離)한다고 되어 있습니다. 전도(顚倒)란 말은 지금도 흔히 앞뒤가 전도된 것이라는 등의 뜻으로 쓰이고 있습니다.

한글사전을 보면 뒤집어엎어지는 것, 거꾸로 하는 것, 엎어져 넘어짐이라고 나와 있습니다. 그러나 본래는 불교어로 도리(道理)를 그대로 보지 못하고 거꾸로 잘못 파악하고 있는 것, 진리에 어긋나는 것이란 뜻입니다. 여기서는 물론 이 의미로 쓰이고 있습니다.

불교 행사의 하나인, 우란분(盂蘭盆)은 일반인에게도 퍽 친숙한 느낌이 들기도 합니다. 이 우란분의 원어는 범어의 울람바나(ullambaňā)입니다. 그것을 중국에서 우란분으로 소리나는 그대로 옮겨 썼던 것입니다. 이 글자에 특별한 뜻이 담겨있는 것은 아닙니다.

이 울람바나의 뜻은 도현이며, 거꾸로 매달린 것과 같은 거칠고 혹심한 고통을 말하는 것입니다. 즉 전도(顚倒)가 그것입니다.

사람이 머리를 아래로 하고 다리를 위로 향해 매달려 있는 것처럼 된다면 얼마나 고통스러운 일이겠습니까? 육체가 당하는 고통 이상으로 정신적인 고통도 극심한 것입니다.

도현(倒懸)이란 말 그대로 도견(倒見: 거꾸로 매달려서 보는 것)을 상징하는 것입니다. 도견은 진리에 대한 거꾸로 된 인생관·거꾸로 된 세계관입니다.

인생은 괴로움인 것을 즐거운 세계라고 생각하고 있거나, 태어난 사람은 반드시 죽는 때가 있다는 철칙을 아랑곳없이 언제까지나 끝없이 살고 싶어 한다거나 하는 것이 도견(倒見)이며, 전도(顚倒)인 것입니다.

이 도견에 대한 것이 앞에서 본 팔정도(八正道)의 첫째인 정견(正見)입니다. 여기서 바르게 사체(四諦)의 도리(道理)를 보는 것이라고 지적한 바 있었습니다.

평범하게 말하면 도견의 위치에서가 아니고 '눈을 들어서 바르게 보라'고 하는 것입니다.

바르게 진리를 보라 - 고 팔정도가 '보는 것'을 첫 번째, 즉 제1에 두고 있는 곳에 반야의 지혜의 소중함이 나타나고 있습니다. 우리는 진리를 거꾸로 해서, 무상(無常)의 세상에 있으면서, 영원한 것을 구하고자 하기 때문에 시달리고 괴로움을 겪게 되는 것입니다.

그 근본을 밝혀 보면 모두 자신이 사랑스럽기 때문이며, 그렇다고 해서 이 무리한 요구를 마음속에 그리는 것은 몽상이 아닐 수 없습니다.

그런데 구도자인 보살(菩薩)은, '소득(所得)이 없음으로인 까닭에'이므로 자신이 이익을 보려고 한다든가 좋은 일을 만나고자 하는 그런 마음이 없으며, 자신의 것은 무엇 하나 없습니다.

자신의 생명마저도 자신의 것이 아니라고 하는 반야의 지혜를 깨달았기 때문에 가애(罣礙)가 없으며, 장애물이 없기 때문에 두려운 것이 없는 것입니다. 괄호 속의 '一切'(일체)는 범문(梵文) 원전에는 없으나 일반에는 독송되고 있습니다.

같은 피사체지만 각도를 달리해서 찍으면

구경열반(究竟涅槃)

진리를 구하는 사람은 모든 도견(倒見)과 무리한 욕구를 갖지 않습니다. 인생의 괴로움과 무상(無常) 속에서 살아가면서 낙토(樂土)를 발견하고 영원의 생명에 눈떠 있는 것입니다.

그리고 무상(無常) - 구경(究竟)의 열반(涅槃), 즉 최후의 이상을 체험하는 것입니다. 그것이 구경열반(究竟涅槃) - 열반(涅槃)을 구경하는 것입니다.

열반은 니르바나(nirvāna)의 소리를 옮겨 쓴 음사(音寫)이며, 모든 사로잡힘에서 벗어난 평안한 마음의 상태를 가리킵니다.

무소득의 생각이란, 자신의 것은 아무것도 없다 - 무엇하나 없다. 이것을 쉽게 말하면 모든 것은 신불(神佛)로부터 살아있는 동안 잘 간수하도록 맡아서 보관하는 것이다, 이것을 깨닫게 되는 것입니다.

비록 타인의 물건을 훔치지 않았다 할지라도 어쩌다 순간적인 마음으로나마 이것은 자신의 물건이다, 이렇게 생각했다면, 그 순간에 그 사람은 도둑을 범하고 있는 것으로 불교에서는 판정합니다.

그와 반대로 자신의 것은 아무것도, 무엇 하나 없다고 생각하는 무소득의 마음을 스스로 깨달아 자각한 사람은, 그대로 그 자리에서 무상열반의 진리를 밝혀 터득한 반야의 보살이란 칭송을 받습니다.

열반은 마음이 평안한 경지이므로 괴로움인 그대로 흐뭇한 행복을 즐길 수 있는 것입니다. 옛 사람은 일상적인 하루하루를 즐겁고 유쾌하게 한다고 말하고 있습니다. 괴로운 인생이 즐거워지는 것입니다.

반야심경에 나오는 보살은 관음입니다. 그러나 관음이라고 하는 특수한 인격이 아니며, 실은 앞에서도 본 바와 같이 우리의 본래의 모습인 것입니다. 그러므로 모든 인간의 가슴속에는 관음이 깃들어 있는 것입니다.

저명한 도자기 예술가 두 사람의 대화가 실린 글이 있습니다. 두 예술가는 모두 이제는 고인이 되었으나, 그 대화의 내용은 매우 강하게 압축된 수준 높은 것이었습니다.

가 씨가 먼저 나 씨에게 말했습니다.

"선생님은 도예가로서도 제1인자이지만 카메라맨으로서도 훌륭한 작품이 많이 있으신 것으로 알고 있습니다. 특히 카메라에 대해서는 무언가 특기가 있다는 것을 부인할 수 없을 것 같은데 어떻습니까?"

이 말을 듣고 있던 나 씨는 뭐 그게 대수로울 게 있느냐면서 다음과 같이 말했다.

"특기라고 말할 것까지는 없습니다. 지금은 카메라도 지극히 정교하게 돼서 광도·거리 할 것 없이 모두 다 자동적으로 나오니까 누구든지 찍을 수 있게 돼 있습니다. 그러나 결정적인 것은 카메라를 어떻게 잡느냐 하는 것인데, 작품의 구도를 의식하는 카메라의 각도가 문제입니다. 같은 피사체라도 각도가 잘 돼 있느냐, 잘못 돼 있느냐에 따라서 찍은 사진의 화면이 아주 큰 차이가 날 수 있지 않을까요?"

이런 내용이었습니다.

우리 마음의 카메라의 각도와 카메라를 어떻게 잡느냐에 따라서, 잘못하면 피사체의 좋은 면을, 즉 다른 사람의 좋은 점·아름다운 점을 보지 못하게 되고 마는 것입니다. 흠과 결점만 보이는 것이 돼 버리고 맙니다.

자기 자신에 얽매여, 자신의 주의와 주장에 묶여 있으면, 마음의 카메라를 자유로 조작할 수 없게 됩니다.

그런 장애물을 제거하고 나면 자신의 주위에 아름다운 것을 바라볼 수 있습니다. 우리에게 적대심을 갖고 있는 사람들 가운데에서도 착한 마음, 선한 것을 볼 수 있게 됩니다.

우리가 괴로움을 겪고 있는 현실 속에서도 흐뭇한 일, 행복한

내용을 찍을 수 있습니다. 그것이 반야의 지혜입니다. 또 그처럼
존귀한 것이 반야의 지혜인 것입니다.

제8장 헤맴과 진리에 눈뜸

- 반야의 지혜에도 멈춰서는 안 된다 -

사문(沙門)이 밤에 경(經)을 읽는데, 그 소리가 슬프고 바빠서 마치 뉘우쳐 물러서기를 생각하는 것 같았다.

부처님은 그에게 물으셨다.

"너, 옛날 집에 있을 때에 무엇을 직업으로 하고 있었느냐?"

"거문고 타기를 좋아했습니다."

"줄이 느슨하면 어땠느냐?"

"소리가 나지 않았습니다."

"줄을 아주 조이면 어땠느냐?"

"소리가 끊어졌습니다."

"줄의 느슨함과 조임이 알맞으면 어땠느냐?"

"여러 소리가 잘났습니다."

"사문이 도를 배움에도 그러한 것이다. 마음이 만일 고르고 알맞으면 도를 얻을 수 있겠지만 너무 사납게 가지면 곧 몸이 피곤할 것이요, 몸이 피곤하면 마음이 곧 괴로울 것이요, 마음이 만일 괴로우면 행실이 곧 뒷걸음질을 칠 것이요, 행실이 이미 뒷걸음질을 친다면 죄는 반드시 더해 갈 것이다. 오직 마음과 몸이 맑고 편안해야만 도를 잃지 않을 것이다."

三世諸佛 依般若波羅蜜多故 得阿耨多羅三藐三菩提

삼세제불 의반야바라밀다고 득아뇩다라삼막삼보리

삼세제불도, 반야바라밀다에 의하는 까닭에 아뇩다라 삼막
삼보리를 얻었던 것이다.

과거·현재·미래의 삼세(三世)에 있는 번뇌에서 벗어나고
깨어난 사람들은, 모두 지혜의 완성에 깊은 신뢰를 가지며,
더없이 바른 지혜의 눈을 뜨고 진리의 깨달음을 얻었다.

깎고 깎아, 남김없이 깎아라

지금으로부터 100여 년 전에 어느 절의 방장스님을 지낸 명승이 있었습니다. 이 스님은 본래 유학자(儒學者)였으나 느끼는 바 있어서 구도자가 되었습니다.

어느 날 "선(禪)을 수행하면 어떤 득이 있습니까?"하고 질문한 사람이 있었습니다. 이때 스님은 "득은, 다시 말해서 얻는 것은 하나도 없다. 선은 날마다 손해를 보고 나날이 손해를 입는 것이다." 이렇게 대답했습니다.

진리의 길을 닦는 수행은, 학문과 달라서 매일 손해를 보고, 깎아낸 위에 다시 더 깎아내고, 이제는 더 깎을 곳이 없는 그것마저도 깎아내 버리는 것입니다. 깎아냈다고 하는 곳에도 멈추지 않는 것입니다.

이것이 앞의 무소득(無所得)입니다.

삼세제불 의반야바라밀다고(三世諸佛 依般若波羅蜜多故)

무소득은 이 앞에서도 같은 뜻이 있습니다. 무소득이므로 삼세(三世) 제불이 그곳에 임해 있는 것입니다. 삼세란 현재·과거·미래이며 영원한 시간의 흐름입니다.

동시에 시방(十方), 즉 열 가지 방향을 지향하고 있습니다. 시방은 동·서·남·북의 4방, 동남·동북·서남·서북의 4유, 상(上)·하(下)의 2방을 합한 것입니다. 즉 끝없는 공간입니다.

삼세시방의 제불(諸佛)이란 영원한 시간과 무한의 공간에 의해 있는 여러 부처들입니다. 이 삼세시방의 여러 부처들은 구체적으로 누구와 누구를 두고 하는 말이겠습니까? 특정한 엘리트도 아니며 초인도 아닙니다. 우리 서로의 우리인 것입니다.

우리는 모든 것을 깎아내고, 깎아냈다는 사실도 깎아내고, 무소득인 반야의 공(空)이 된 텅 비어 있기 때문에 아무것도 없는, 그 없음으로써 가득 차 있는, 충만한 무(無)의 지혜를 지니게 되었을 때의 우리의 상태인 것입니다.

득아뇩다라삼막삼보리(得阿耨多羅三藐三菩提)

반야심경에 '득아뇩다라삼막삼보리'를 얻었다는 못 듣던 어려운 말이 나옵니다. 반야의 지혜를 체득해도 모두가 해결되는 것은 아니라는 말입니다.

'관음(觀音), 세지(勢至)의 끈 물[정원(庭園)과 경내(境內) 같은 곳에 물을 끌어들여서 흐르게 한 것은, 아뇩다라(阿耨多羅), 아뇩다라 - (하며) 흘러나오고, 흘러내려간다' 이렇게 부르는 노래가 있습니다.

그리고 옛 선사가 명산에 터를 닦고 본당을 건립하면서 '아뇩다라삼막삼보리의 부처님들, 내가 사는 이 산에 명가(冥加) - 가호(加護) 하소서'하고 불렀던 시 한 수는 널리 알려진 노래라고 합니다.

이 말은 범어의 아눗타라・삼막・삼보디(anuttara-samyak-sambodhi)를 소리 나는 대로 옮겨서 쓴 것이며, 약해서 한자로 아뇩삼보리(阿耨三菩提)・아뇩보리(阿耨菩提)・무상정등(정)각(無上正等[正]覺) - 이라고 번역합니다. 이 무상(無上)・정등(正等)은 뒤에서 구체적으로 알아보기로 하겠습니다. 이 말은 짧지만 중대한 의미를 내포하고 있는 것입니다. 부처의 깨달은 지혜는 무한히 뛰어나고 훌륭한 것이며, 바르고 모든 것에 고루 미치며 통하는 것이라고 하는 뜻입니다.

'반야의 지혜, 그 덕택으로 가장 높은 - 무상(無上)의 부처의 마음, 부처의 생명이 모든 사람 - 만인의 가슴속에 깃들어 있다는 것을 깨닫게 되었다'고 하는 것입니다.

그러나 반야의 지혜를 체득하고 나면 그것으로 만사(萬事)가 해결됐다고 하는 것은 아닙니다. 반야의 지혜에도 멈춰 있어서는 안 된다는 것입니다.

인간은 각존적(覺存的) 존재

　인간은 실존적 존재 - 현실적 존재 - 임과 동시에 각존적 존재 - 현실은 가려져 어둡고 사로잡혀 헤매고 있지만, 마침내 헤치고 벗어나 참된 길에 눈 뜨게 될 본질을 지니고 있는 존재인 것을 배워야 합니다.

　반야심경의 경전(經典)으로서의 주요한 부분은 여기서 끝난 것으로 보아도 좋겠습니다. 풀어서 전하고 알려야 할 진리의 내용은 모두 여기까지 설명이 끝나고 있습니다.

　'삼세제불도 반야바라밀다에 의한 것이므로 최상의 지혜인 아뇩다라·삼먁·삼보리를 얻게 된 것이다' - 이것은 시간과 공간을 넘어서 모든 인간이 바른 깨우침을 얻을 수 있다고 하는 확실한 약속이기 때문입니다.

제9장
진실한 행복

- 가난한 마음을 풍성하게 하기 위하여 -

해는 낮에 빛나고
달은 밤에 빛난다.
무기는 군인을 빛낸다.
그런데 부처님은 세상에 나와
위광(威光)으로 모든 어둠을 비춘다.

故知 般若波羅蜜多 是大神呪 是大明呪 是無上呪 是無等
等呪

고지 반야바라밀다 시대신주 시대명주 시무상주 시무등
등주

能除 一切苦 眞實不虛

능제 일체고 진실불허

그러므로 알아야 한다. 반야바라밀다는 이것이 대신주(大神
呪)이며, 이것이 대명주(大明呪)이며, 이것이 무상주(無上呪)이
며, 이것이 무등등주(無等等呪)이며, 능히 일체의 괴로움을 제
거할 수 있으며, 거짓이 없으므로 진실인 것이다.

그러므로 사람은 알아야 한다. 지혜를 완성한 위대한 진리의
말[眞言(진언)], 위대한 깨우침의 참된 말[眞言(진언)], 더 위에는
없는[無上(무상)] 진리(眞理), 무엇과도 비교할 수 없는[無比(무
비)] 진언(眞言)은, 모든 괴로움을 가라앉히는 것이며 거짓이
없으므로 진실인 것이다.

주(呪)를 저주(詛呪)라고 생각하는 선입관

앞에서 반야심경의 주된 설명은 끝났다고 말씀드렸습니다. 이제부터는 남은 부분 전체를 간략하게 정리하는 것입니다.

그리고 삼세제불도 반야바라밀다에 의한 것이므로, 아뇩다라·삼막·삼보리를 얻게 되었다고 했습니다. 이것은 시간과 공간을 넘어서 모든 인류가 바른 깨우침을 얻을 수 있는 확약이라고 본 바 있습니다.

이 확약을 부처의 서원(誓願)이라고 합니다. 부처의 서원이란 영원의 서원이라고 하는 뜻입니다. 그러나 모든 인간이 한 사람도 빠짐없이 번뇌에서 벗어나 진리에 눈을 뜨는 깨우침을 얻게 되는 것이 진리이지만, 사실 인간이 남김없이 모든 진리를 깨달아 깨우침을 얻게 되는 날은 없을 것입니다.

무수한 인간의 번뇌와 무한한 부처의 서원과의 대결입니다. 과거, 현재, 미래에 걸친 인간의 번뇌가 그치지 않기 때문에 동시에 과거·현재·미래에 걸친 부처의 서원도 무량한 것입니다.

그것이 삼세제불입니다. 그래서 반야의 지혜도 또한 영원에 걸쳐서 존재한다는 것입니다.

'반야의 지혜를 얻어서 눈을 뜨고 진리의 길을 열어서 모든 사람들이 행복을 찾을 수 있기를 바랍니다.'하는 영원의 서원은, 여기서 자비의 마음을 띠게 됩니다. 그리고 앞에서 누구든지 반야의 지혜에 의해 아뇩다라 · 삼막 · 삼보리 - 무상정등정각(無上正等正覺)은 얻을 수 있다고 설명한 곳이 있었습니다.

그 무상(無上) · 정등(正等)이 뒤에서 이것이[是(시)] 무상주(無上呪)]이며, 이것이[是(시)] 무등등주(無等等呪)로서 전개됩니다.

이 책의 맨 처음에 나오는 경의 제목인 '마하반야바라밀다심경'을 공부하면서, 옛 사람은 경(經)의 제호(題號)에서 경문(經文)의 마음이 경제(經題)에 집약되어 있음을 중시했다고 한 바 있습니다.

특히 어떤 선사는 반야심경의 경문 첫 머리에 "이제부터 앞으로 나오는 말은 '마하반야바라밀다심경'이라고 하는 경전 제목의 뜻을 설명한 문장에 지나지 않는다."는 것을 분명히 밝혀주고 있다는 점도 이미 나온 바 있습니다.

고지 반야바라밀다 시대신주(故知 般若波羅蜜多 是大神呪)

이상의 중요한 어구(語句)를 받아서 정리하는 뜻으로, 여기서 '그러므로 알아야 한다. 반야바라밀다는, 이것이 대신주(大神呪)인 것이다….'라고 맺고 있습니다.

다시 반야심경 첫 머리의 '관자재보살(觀自在菩薩) 심반야바라밀다(深般若波羅蜜多)를 행(行) 했을 때….'를 앞과 같이 받아서 '그러므로 알아야 한다. 반야바라밀다는 이것이 대신주(大神呪)인 것이다…."라고 받아나가는 것입니다.

이미 말씀드린 바와 같이 반야바라밀다는 공(空)을 보는 지혜의 완성입니다. 이것이 대신주(大神呪)이며, 대명주(大明呪)이며, 무상주(無上呪)인 것입니다. 공관(空觀)의 지혜로써 관념이 아닌 심반야(深般若)를 행(行)하는 것이 바로 그러한 주(呪)가 아니겠습니까?

그런데 주(呪)라고 하면 흔히 우리는 저주라든가 마술적인 죄받을 일 같은 선입관을 갖고 있습니다. 그러나 심경(心經)에서는 저주받을 말로 쓰이기 이전의 차원 높은 의미로 쓰이고 있습니다. 이 선입관념을 먼저 깨끗이 씻어 버려야겠습니다.

이제 죽는구나 했을 때 알아 두어야 할 것

이 주(呪)에는 두 가지의 원어(原語)가 있습니다. 하나는 마하·만트라이며 악법(惡法)을 가로막고, 선(善)을 지키는 비밀의 어구(語句)로서 주(呪), 혹은 진언(眞言)이라고 번역됩니다.

이 비밀의 어구가 불가사의한 신비로운 영력(靈力)을 나타냄으로써, 저주(詛呪)와 그 밖의 마술적인 것의 양상을 띠게 되는 것이지만 본래의 뜻과는 거리가 먼 것입니다.

또 하나는 다라니(dharani)이며, 음역해서 다라니(陀羅尼)라고 쓰입니다. 다라니의 의미는 능지(能持)·보유(保有)로서 다 같이 지탱하고 있다, 계속해서 지니고 있다, 보유하고 있다는 뜻입니다.

이 주(呪)의 계속해서 지니고 있다는 뜻은 부처의 생명, 부처의 마음을 계속해서 지니고 간직해 나간다고 하는 것입니다.

반야의 사상을 보전해서 간직하고 보유한다는 것은 입으로만 하는 것이 아니며, 마음으로 보고 몸으로 실천하는 것입니다.

마하반야바라밀다와 반야의 지혜를 입으로 외우면 이것은 대신 주(大神呪) - 지혜를 완성하는 위대한 진언(眞言) - 로서 진실한 말임은 더 말할 것이 없습니다. 대신주(大神呪)란 글자의 배열만 보면 신통스러운 신(神)의 말입니다.

그러나 옛 선사는 이 말에서 신들린 사람 같은 인상이나 그런 오해를 받게 되는 것을 염려해서 소중히 여기고 귀하게 아끼라, 자성(自性)의 대신주라고 주(註)를 붙이고 있습니다.

자성(自性)이란 제1장에서 나왔던 초월적 무의식이며, 자각하고 있는 사람은 적지만, 무의식인 그대로 누구나가 보유하고 있는 마음인 것입니다.

이 선사는 다시 이렇게 뒷받침하고 있습니다.

"인생의 괴로움이나 번뇌로, 이제는 꼼짝 못하고 내가 죽는구나 싶은 막다른 골목에 다다랐을 때 이 반야의 지혜를 지니고 있었다는 사실이 머리에 떠오르면, 원반에 구슬을 굴리는 것처럼 굴러서 자유롭게 운행할 수 있게 될 것이다."

신비로운 두뇌의 기능이 외부가 아닌 자신의 내부에 간직되어 있었던 것입니다. 어쩌면 생사를 좌우할지도 모를 순간에 이 소중한 생각을 머리에 떠오르게 해 주는 것이므로 반야바라밀다는 너무나도 과학적인 - 그것을 넘어서 초과학적인 대신주의 구실을 하고 있는 것입니다. 그 다음 반야바라밀다 - 반야의 지혜는 인생에 광명을 가져오는 것이므로 대명주(大明呪)라고 나와 있습니다.

자기 안에 신(神)이 없다면

옛 선사들은 한문으로 번역된 주(呪)라는 글자가 갖는 신비적인 어감으로 말미암아 본래의 의미가 오해되는 것을 대단히 염려했습니다. 이 책의 제8장에서 유교(儒敎) 출신으로 뜻한 바 있어 큰스님이 된 분의 이야기가 나왔습니다. 이 스님은 주(呪)의 어의(語義)에 있는 총체적인 의미를 마음의 이름이라고 했습니다.

오래된 옛 주석(註釋)에도 '신주(神呪)는 범(凡)을 바꿔서 성(聖)으로 하는 것이 자유자재이므로, 신주라고 한다.'고 되어 있습니다. 범을 바꿔서 성으로 한다는 것은, 사로잡혀, 어두워 헤매는 것을 벗어나 깨닫고 진리의 길을 찾게 되도록 바꾼다는 뜻입니다.

이렇게 초인적인 해석을 못 하게 억제함과 동시에 또 지식을 동원하는 지적(知的)인 이해를 피해서 반야의 지혜에 직결하는 것을 권하고 있습니다.

대명주(大明呪)도 그렇습니다. 앞에서 나왔던 또 한 사람의 선사는 이렇게 말하고 있습니다.

"입으로 말하지 말라!"

대명주, 이것은 외부에서 주어질지도 모른다고 하는, 명주(明呪)가 갖는 선입관을 정면으로 격파해서 몰아내고 있습니다.

그리고 대명주란 반야바라밀을 칭송한 것이지만, 시방(十方)을 빠짐없이 고루 비춰서 마음의 어두움을 깨는, 자성(自性)의 마음의 실천적 기능을 칭송하는 말이라고 합니다.

시무상주(是無上呪)

반야바라밀은 또 무상주(無上呪) - 다른 것과 비교할 것이 없는 최상이므로 이와 같이 칭송되고 있습니다. 동시에 이 반야바라밀은 우리가 초월적 무의식으로서 보유하고 있으므로 무상(無上)·최상(最上) - 이며, 최존(最尊), 즉 가장 존귀한 것입니다. 그것을 불러일으켜 깨우쳐 주는 말이므로 무상주(無上呪)인 것입니다.

무상(無上) - 이라고 하면, 사람들은 위쪽만 쳐다봅니다. 존귀한 것은 위쪽에만 있는 것으로 생각하기 쉬운 집착을 버려야 합니다.

앞에서 '입으로 말하지 말라!'고 했던 선사는 다시 자기 발밑을 보라, 자신을 지켜보라고 주의를 환기하고 있습니다.

그리고 이 세상의 흙·먼지를 둘러써서 흙투성이, 먼지투성이가 된 자기 안에도 잠겨 있는 거룩한 마음 - 귀한 마음을 불러 일으켜 주기 때문에 더 없이 높은 마음이란 뜻에서 무상주라고 칭송하는 것입니다.

시무등등주(是無等等呪)

여기서 반야심경은 급(急) 피치로, 반야바라밀다는 무등등주(無等等呪)라고 높이는 뜻을 쌓아 올리고 있습니다. 무등등(無等等)은 무상(無上)을 더욱 찬탄한 말이므로 무비(無比)라고 말해도 좋을 것입니다.

다 같이 비교할 것이 아무것도 없으며, 바로 우주와 같다는 의미에서 정등(正等)이라고도 하게 되는 것입니다. 진리 자체이며 절대의 존재입니다. 귀에 익숙한 말로 앞에 나온 대로 말하면, 우리의 마음속에도 들어있고 밖에도 널리 퍼져있는 즉, 편재(遍在)하기 때문에 모든 것을 초월해서 있는 존재입니다.

반야의 지혜는 자기 내부에 보유함과 동시에 외부에도 실재합니다. 우리는 반야의 지혜를 감싸고 있는 존재임과 동시에, 다시 외부에서 반야의 지혜로 감싸여 있는 존재입니다.

대[竹(죽)]로 엮은 바구니 속에 물이 들어있다고 하는 것은 바구니의 외부에도 물이 에워싸고 있다는 것입니다. 바구니는 바구니 안에 들어있는 물을 감싸고 있으면서 동시에 밖에 있는 물에 의해서 감싸여 있습니다.

"자기 안에 신(神)이 없다면 어떻게 해서 천상(天上)의 신(神)을 느낄 수 있겠는가?"라고 했던 괴테의 말을 들은 바 있습니다. 그와 마찬가지로 우리는 반야의 지혜를 그것이 들어 있으리라고는 생각조차 못하면서 우리 안에 고스란히 간직하고 있는 것입니다.

그 반야의 지혜가 우리 안에 들어있기 때문에 우리는 밖에 있는 반야의 지혜를 실감할 수 있습니다. 반야의 지혜를 품에 안고 있는 것이 그대로 반야의 지혜의 품에 안겨 있는 것입니다.

이것을 더 넓게 말하면, 부처를 믿는다고 하는 것은 부처의 믿음을 받고 있다는 것이 됩니다. 우리는 거대한, 영원의 생명이라고 하는 흐름 속에 들어있는 하나의 대바구니입니다. 아무리 작고 낡은 대바구니일지라도 영원의 생명은 아낌없이 흘러 들어오는 것입니다.

그것을 믿는 것이 믿는 마음 - 신심(信心)입니다. 이 진실을 자신의 몸과 마음으로 직접 느끼게 되는 것을 깨달음이라고 하며 안심을 얻었다고도 합니다. 몸과 마음의 평안을 얻은 상태가 되는 것입니다.

이와 같은 의미에서 언제 - 어디서나 - 누구든지 반드시 갖고 있는, 반야의 지혜를 무비(無比)이며, 무등등주(無等等呪)라 해서 칭송할 수 있게 되는 것입니다.

그러나 이상과 같은 기록은 한 마디로 어디까지나 개념입니다. 그것을 자신이 직접 겪은 실감으로서, 몸으로 받아들이기 위해서

는 경문에 있는 바와 같이 행심반야바라밀다의 행(行) - 즉 실천이
필요한 것입니다.

매화꽃도 비를 만나야 핀다

반야의 철학은 결코 어려운 것이 아닙니다. 평범한 사실이기
때문에 도리어 이해하기 어려운 점이 있는 것은 사실입니다.

이해가 잘 안 되는 점을 불안하게 생각하지 말고 소중히 아껴
주어야 한다고 선인들은 말합니다. 새가 알을 품듯이 스스로의
체온으로 어렵고 까다롭게 느껴진 곳을 가슴에 안아서 따뜻한
체온이 감돌게 해야 합니다.

체온이란 우리가 오늘까지 살아온 슬프고 괴로운 인생의 체험이
며 학문이나 지식이 아닙니다. 그렇기 때문에 그것을 잘못 품고
있을 경우 돌이키기 어려운 방향으로 나가고 있을 수 있는 것입니
다. 그러는 동안 때가 익으면, 어미 새와 새끼가 같은 시점에서
알껍데기를 안과 밖에서 깨뜨리는 것처럼, 어두웠던 마음 - 즉
무명의 알껍데기가 깨뜨려져 벗겨지는 것입니다. 이것을 졸탁동시
(卒啄同時)라고 합니다.

여기서 생각나는 시 한 수가 있습니다.

무엇인가 깨졌다

나의 내부에서 닫혀 있던 것이 깨졌다

그들은 모두 소리를 지르며 외치기 시작했다

복숭아 열매 같은 것이 깨졌다

별과 같은 것이 빛을 뿜었다

그것은 한 인간의 진실에 부딪치기 위한 깨어짐입니다.

한 사람의, 인간의 진실을 통해서 널리 모든 인간에 통하는, 인간성의 진실을 파헤치기 위한 것입니다. 이 시를 이곳에 옮긴 것은 한 인간의 진실에 부딪치고, 그 체험의 눈을 갖고 넓게 모든 인간에 통하는 인간성의 진실을 파헤쳐서 그것을 보자는 바람 때문이었습니다.

반야심경의 경우 그 진실이란, '사람은 누구나 반야의 지혜를 갖고 있다. 공(空)이 되게 하고 공(空)을 보는 지혜를 갖고 있다.'는 말에 해당되는 것입니다.

그것을 칭송하는 것이 앞에 나온 네 개의 주(呪)입니다. 주(呪)는 몸과 입과 마음으로 외워야 한다고 했습니다.

마음의 눈을 뜨자, 그것을 몸으로 실천해야겠다. - 이런 바람이 있어서 비로소 입으로 외우는 주(呪)가 생명을 지니게 되는 것입니다. 거기까지 가기 위해서는 자신을 바르고 엄격하게 규율하는 것이 중요한 것이며 무절제하게 굴어서는 절대로 안 된다고 생각해야 합니다.

그런 뜻에서 한 선사는 묵은 해(지난 해)의 추위에 시달린 매화가 비를 만나서 일시에 핀다는 시를 쓰고, 쌓아 올린 노력이 있으면 때를 얻어서 반드시 피어나는 것이라고 무등등주에 주(註)를 붙인 기록을 남기고 있습니다.

자기를 성장시키는 비결

능제일체고 진실불허(能除一切苦 眞實不虛)

이렇게 해서 반야의 지혜, 공(空)을 아는 지혜가 몸에 붙게 되면 반야심경의 '진실하여 허망함이 없는 고로 능(能)히 일체의 괴로움을 제거할 수 있으며'하는 것을 쉽게 이해할 수 있습니다.

동시에 '오온(五蘊)이 모두 공(空)을 비추어 보고, 일체의 고액(苦厄)을 넘어서 스스로 구제하기에 이르렀다.'고 이어서 맺고 있는 말인 것을 알 수 있습니다.

비추어 본다는 뜻의 조견(照見)을 다시 한 번 생각해 볼 필요가 있습니다. 그 내용은 이미 설명돼 있지만 무등등주(無等等呪)를 바탕으로 해서 다시 생각해 보게 되는 것은 조견 즉, 비추어 보는 것은 자기 안에도 빛을 댐과 동시에 다른 사람의 마음속에도 빛을 대는 것 - 으로 받아들이는 것입니다.

이것을 가리켜서 '불지견(佛知見)을 연[開(개)]다.'고 합니다. 평범하게 말하면 마음의 눈을 여는(뜨는) 것입니다. 자신의 마음의 눈을 여는(뜨는) 것이면서 동시에 다른 사람의 눈을 여는 것입니다.

순서대로 말한다면 먼저 자신의 마음의 눈을 열고 다음에 다른 사람의 마음의 눈을 여는 것으로 알기 쉽습니다. 논리적으로 말한다면 틀림없이 그렇게 돼야 할 일입니다. 그러나 자신이 만족할 수 있을 정도로 자신의 마음의 눈이 떠지는 것(열리는 것)을 기다리고 있어서는, 실제로 다른 사람의 눈을 열게(뜨게) 하기 위해서 노력할 시간이 없어져 버리는 것입니다.

불교에서는 자기와 타인의 구별이 없는 곳에 서는 것이므로, 먼저 다른 사람을 위해서 하는 것이 그대로 자신도 성장하는 것이 되는 것입니다.

이렇게 마음의 눈을 뜨는 것은 자신과 타인의 반야의 눈을 뜨는 것입니다. 반야에 대해서는 이제까지 정성껏 살펴보았습니다. 그러나 더 구체적으로 우리가 날마다 살아가는 하루하루의 생활, 하나하나 부딪치게 되는 일들을 통해서 기회 있을 때마다 아름다운 것을 바라보자고 스스로를 향해서 외쳐보는 노력이 더욱 소중한 것입니다.

그냥 보아서는 아무런 가치도 없어 보이는 사람이나 물건이나 경치에서도, 그 안에 반드시 아름다운 것이 있음을 알아야 합니다. 그것이 보이지 않는다면 이쪽에서 마음의 카메라를 대는 각도,

즉 마음의 자세가 좋지 못했기 때문인 것입니다.

자기 마음의 자세만 좋았다면 자신의 둘레에 있는 모든 것(진실한 것), 착한 것, 거룩한 것을 발견하고 바라볼 수 있었을 것입니다.

진(眞)·선(善)·미(美)·성(聖)은 각각 독립해서 별개로 있는 것이 아니며, 서로 융합해서 부축하는 상호 협력의 관계에 있습니다.

자기에게 고통을 주는 사람에게서 아름다움을 찾는다

생활고에 시달린 나머지 아들을 등에 업고 무작정 상경하다가 기찻길에 뛰어들어 한 많은 세상을 청산하려는 여성들 - 이런 장면은 텔레비전의 연속극에서만 있는 일은 아닙니다.

어느 날 해질 무렵 철길 옆을 헤매면서 죽을 장소를 찾고 다니는데, 등에 업힌 아기가 소리를 질렀습니다.

"엄마, 저것 좀 봐, 저녁놀이 참 고운데!"

그때까지 고개를 숙이고 있던 엄마가 슬픔에 찬 얼굴을 들고 붉게 물든 해지는 저녁 하늘을 우러러 보는 순간, 머리를 스치고 지나가는 것이 있었습니다.

"어머나, 정말 곱구나!"

하고 탄복하면서 동시에 이렇게 아름다운 것에 둘러싸여 있으면서 어두운 것밖에 보이지 않았던 자신의 마음의 가난을 뉘우쳤던 것입니다.

이 여성은 이렇게 해서 붉게 타오르는 석양 노을의 아름다움을 보고 살아야겠다는 희망과 의욕을 되찾게 되었다는 이야기가 실린 글을 읽은 적이 있었습니다. 그러므로 아름다운 것을 하루에 한 번씩 꼭 찾아보기로 결심하는 것도 매우 중요합니다.

다음은 기숙사 식당 관리인인 K씨의 일화를 소개하고자 합니다. 어느 날 밤, K씨는 한 밤중에 라디오의 커다란 소리에 잠이 깨었습니다.

'누굴까?'하고 귀를 기울이고 들어보니, 2층에 있는 Y군의 방에서 나오는 소리인 듯 했습니다. 관리자의 책임상 마음을 가라앉히고 서로가 마음 상하지 않도록 조치를 취하지 않을 수 없었습니다.

"Y군, 부탁이야. 볼륨을 조금 낮출 수 없겠어? 조금만 줄여줘!"하고 부탁 겸 사정을 했습니다.

그런데 조금도 소리가 작아지는 기색이 없었습니다. 안 들려서 그러는가 싶어서, 대여섯 번이나 거듭 소리를 높여서 주의를 시켰다고 합니다. 그러자 안에서,

"왜 이렇게 귀찮게 구는 거야, 알고 있어! 거지같이!"

하고 악의에 찬 욕설이 터져 나왔습니다. 그래도 전혀 볼륨을 낮추는 기색이 없었습니다.

이웃 사람들이 시끄러워서 도무지 잠을 못 자겠다고 항의하는 전화까지 걸려오게 되니, K씨는 참다못해서 직접 Y군의 방문 밖에까지 가서 말하지 않을 수 없게 되었는데, 그때, "알았다니까! 작게 하면 될 거 아니야 작게!"하고 보란 듯이 스위치를 꺼버리는 것이었습니다.

K씨는 자기 방으로 돌아왔으나 모욕을 당한 것이 분해서 잠을 이룰 수 없었습니다. 그런데 신기하게도 곰곰이 무언가를 생각하다가 지극히 간단한 동기에서 마음이 풀려 이튿날 아침까지 곤히 깊이 잠을 잘 수 있었습니다.

다음날 아침 식사 준비를 하고 있는데, Y군이 가까이 다가와서 뒤통수를 긁었습니다.

"어젯밤 일 용서하세요. 화 나셨지요?" 하고 사과를 하였습니다.

"그래, 정말 분해서 두 시간 남짓 잠을 못 이뤘어. 그런데 말이야, 곰곰 생각하다 보니까, 얼핏 머릿속을 스치고 지나가는 생각이 있었어. 뭐냐 하면 '아름다운 것을 하루에 한 번씩 꼭 찾아보자!'는 말이었어. 이 생각이 떠오르자, 난 Y군에게서 느낄 수 있었던 아름다운 것을 열심히 찾았어."하고 대답했습니다.

Y군은 쑥스러운 듯이, "왜 이러십니까? 나 같은 놈에게 무슨 아름다운 것이 있을 게 있습니까?" 하고 부정하는 것이었습니다.

K씨는 그가 무어라고 하건 개의치 않고 하던 이야기를 계속 들려주었습니다.

"그런데 그게 있었어. 이것 봐. 언젠가 내가 감기로 앓아눕게 된 적이 있었지. 그때 자네는 아무 말도 않고 내 이마에 찬 물수건을 얹어 주었거든. 그리고 '밥은 우리가 교대해서 지어 먹을 테니까, 염려 말고 푹 쉬세요.'하고 이부자리를 덮어주고 갔었지. 자네에게 그런 아름다운 마음씨가 있었다는 것을 생각하고 나니까, 난 그만 마음이 흐뭇해져서 분하던 마음이 탁 풀어져 버린 거야! 마음이 풀어지니까 잠이 절로 들더군. 그래서 아침까지 푸욱 잘 수 있었던 거야. 그러니 너무 신경 쓸 것 없어."

그 말을 듣고 있던 Y군은 손뼉을 치면서 K씨를 칭찬하는 것이었습니다.

"훌륭하신데요."

"그렇게 추켜올려 봐야 소용없어. 그렇게 훌륭하게 돼 있다면, 그보다 더 심한 말을 들었더라도 잠을 못 이루는 일은 없었을 텐데, 그렇지 못하니까 분해서 엎치락뒤치락한 것이지. 그래도 '아름다운 것을 찾자, 그리고 그것을 보도록 하자!'는 가르침이 생각나서, 그 뒤로는 스르르 잠이 들었다네."

자기에게 정신적인 아픔을 주고 심하게 구는 사람 가운데서도 아름다운 것을 찾자는 마음이 움직이면 동시에 그 사람 안에 있는 진실한 것, 선(善)한 것도 아울러서 바라볼 수 있게 되는 것입니다.

다시 말하면 그 사람 가운데서 진실한 인간성을 발견하고 개발하는 것입니다.

가정과 근무처 혹은 일터에서도 아름다운 것을 발견할 수 있게 된다면 어디에서나 정토(淨土)를 개발할 수 있습니다.

정토라고 하는 고정된 곳이 있다기보다는 우리가 서 있는 곳, 내가 살고 있는 땅을 깨끗하고 맑게 한다는 동사(動詞)의 형태로 받아들이고 싶은 것입니다.

마음의 카메라를 잡는 자세가 좋지 못하면, 좋은 것을 포착하지 못하는 것과 같습니다.

오직 하나[絶對(절대)]이며, 없는 곳이 없는 깨달음

인간성을 발견하고 그것을 느낄 수 있게 해 준다는 것은, 그 사람에게도 살아가는 기쁨을 자각하게 해 주는 것이 됩니다. 그것을 발견한 사람은 그 이상으로 진실한 기쁨을 느낍니다.

다른 사람의 마음 가운데서 진실한 인간성을 개발할 수 있을 정도로 큰 기쁨은 없습니다. 그 이상 더 큰 삶의 보람을 느끼는 일은 없습니다.

불교에서는 이것을 가리켜서 눈앞에서 제불(諸佛)을 만나는 것이라고 합니다. 자신이 눈으로 보면서 이야기할 수 있는 곳에서 많은 부처들과 대면한다고 하는 뜻입니다.

부처란 진실한 인간성에 눈 뜬 사람이라고 하는 것은 앞에서 말한 바와 같습니다. 그것이 불지견(佛智見)을 나타내고 불지견(佛智見)을 연다고 하는 것입니다.

하루종일 화를 내거나 울거나 하는 사람은 없습니다. 그런가 하면 하루종일 기분이 좋아서 웃고만 있는 사람도 없습니다. 무언가가 인(因)이 되고 연(緣)이 되어서 그와 같은 상태를 일으키는 것이고 보면 태어나면서부터의 선인도 없고 악인도 없다는 것을 알 수 있습니다.

다만 인(因)과 연(緣)이 좋고 나쁨에 따라 그렇게 되는, 즉 공(空)의 존재인 것입니다. 그 사실에 눈 뜨고 그것을 알게 되는 것이 반야의 지혜이므로, 이것을 알게 되면 능히 일체의 괴로움을 제거한다는 것을 쉽게 납득할 수 있습니다.

이렇게 반야심경은 이것도 없다. 저것도 없다 - 해서 면도날보다도 잘 드는 날로 남김없이 밀어 없애고 말았습니다. 아무것도 안 남기고 모두 잘들 없애버린 것입니다. 미련도 없이 속이 비어있음을 확인해서 날려 버리고 공(空)으로 돌린 것입니다.

왜 그랬던가?

그것은 무언가에 집착하게 되면 그 집착에 발이 묶여서 참된 인생의 길을 걷지 못하고 언제까지나 헤매고 있어야 하기 때문입니다. 눈과 코, 입과 귀, 피부 등 우리의 몸으로 느낄 수 있는 대상은 모두가 순간적 존재이므로 영원히 있는 존재가 아닙니다.

영원성이 없으므로 영원성이 비어 있는 공허한 것이라는 사실은 누구도 부인할 수 없습니다. 내부의 인(因)과 외부의 연(緣)에 의해서 그와 같이 보일 뿐입니다.

이와 같이 모든 것은 속이 텅텅 비어 있다는 사실을 확인하고 공연한 집착을 남김없이 잘라서 날려 버림으로써 공이 되게 함과 동시에 공을 아는 이 반야의 지혜를 배우기 위해서 우리는 이제까지 귀를 기울여 왔습니다.

그 반야바라밀다심경의 제목에 마하(摩訶)라는 형용사가 붙어 있습니다. 이 마하에 크다, 뛰어나고 우수하다, 때로는 많다는 의미를 포괄하고 있다는 점은 앞에서 기술한 바 있습니다.

그것이 이 결론 부분에서 대신(大神)·대명(大明)·무상(無上)·무등등(無等等)의 주(呪)에 이어지는 것입니다. 이 진리의 말은 거짓됨이 없다고 단언되어 있습니다.

그러므로 반야바라밀다를 행할 때에는 먼저 '반야바라밀다'는 가장 높고, 가장 귀한 진리의 말임을 명심하여 '마하반야바라밀'이라고, 몸과 입과 마음을 한 곳으로 모아서 외우는 것이 좋습니다.

그러면 아뇩다라(阿耨多羅)·삼막(三藐)·삼보리(三菩提) - 즉 무상(無上)·정등(正等)·정각(正覺)이 자연스럽게 자기 안에 들어오는 것입니다. 이 한자는 너무 길어서 아무리 해도 친숙해지기 힘든 느낌이 들기도 합니다. 그래서 이것을 다음과 같이 풀어서 옮겨 보았습니다.

무상(無上)은 무한의 높이이므로 절대(絶對)입니다.

정등(正等)은 우주의 모든 것에 들어 있는 뜻이므로 보편(普遍)입니다.

정각(正覺)은 바른 깨달음, 바른 진리의 눈뜸입니다. 그래서 오직 하나[絶對(절대)]이며 없는 곳이 없는 진리의 깨달음이라고 하면 훨씬 이해하기가 쉬울 것입니다.

제10장
자신을 떠난 행위

- 세태와 명예를 초월해서 사는 길 -

가을 연못의 연꽃을 꺾듯, 자기를 위하는 집착을 버려라.

자취를 없애고 가르침을 따르라. 부처님은 열반을 설하셨나니.

故說 般若波羅蜜多呪

고설 반야바라밀다주

即說呪曰, **揭諦揭諦 波羅揭諦 波羅僧揭諦 菩提娑婆訶**

즉설주왈, **아제아제 바라아제 바라승아제 모지사바하** (세번)

그러므로 반야바라밀다의 주(呪), 즉 진언(眞言)을 물었다. 바로 그 진언을 풀어서 이렇게 말했다. 아제아제, 바라아제, 바라승아제, 모지사바하

그 진언(眞言) - 진리를 알리는(부처의) 말은 다음과 같이 풀이되었다.

"간 사람이여, 넘어선 사람이여, 피안(彼岸)에 간 사람이여, 피안에 완전히 넘어선 사람이여, 진리의 깨달음이여, 영원하라, 행복하라."

여기, 지혜의 완성의 마음을 마친다.

평범한 까닭에 더 깊은 의미가 있다

고설반야바라밀다주(故說 般若波羅蜜多呪) 즉설주왈(卽說呪曰)

앞에서 '반야바라밀다'라고 하는 말 그 자체가 이미 훌륭한 진실의 말임을 밝힌 바 있습니다. 여기서는 다시 그것을 더욱 압축된 진리의 말인 주(呪)로서 풀이하고 있습니다.

석가의 설법, 즉 진리를 풀어서 알리는 말은 대체적으로 산문(散文) 형식으로 되어 있습니다.

당시에는 활자가 없었기 때문에 외워서 암송하기 편리하도록, 시의 형식으로 표현하고 있습니다. 반야심경의 경우도 짧은 270문자를 다시 강하게 압축한 것이 여기 나오는 '아제(揭諦) 아제(揭諦)…'라고 하는 주(呪)이며, 이것이 곧 반야심경의 진수(眞髓)이므로, 현장법사도 이 부분만은 번역을 하지 않고 원음(原音) 그대로 옮겨 놓았던 것입니다. 그것은 신비화하기 위함이 아닙니다. 어떠한 진리의 길에도 일반적인 말로는 설명이 잘 안 되는 깊은 뜻, 즉 오의(奧義)라고 하는 것이 있습니다.

차를 끓여 마시는 다도에도, 꽃꽂이에도 그 길의 진수라고 할 수 있는 부분은 특수한 것이 아니며 지극히 평범한 보통의 일입니다.

종교에서도 그 사실에는 다를 것이 없습니다. 그러나 그것을 알게 되기까지 애쓰고 고생하며 정성껏 노력해서 체득한 평범하고, 그러면서도 모두에 통하는 커다란 의미와 아무것도 모르면서 힘 안들이고 쉽게 평범으로서 받아들이는 것 사이에는 큰 거리가 있습니다.

평범한 형식으로 표현되고 있는, 현상의 저 깊은 곳에 말과 글로는 표현할 수 없는 숭고한 진실을 받아들일 수 있어야 합니다.

어떤 예술의 최종적인 경지를 스승으로부터 남김없이 이어받았다는 증서가 한 장의 백지(白紙)라는 말을 들었을 때 깊이 느껴지는 것이 없습니까?

평범의 그윽한 깊이를, 체험이 아니고는 이해할 수 없는 의미를 알리기 위해서 한 자의 글씨도 안 쓰고 백지 속에 담아서 전하는 것입니다. 현대식으로 말하면 끝까지 비밀[秘(비)]에 붙이는 것입니다. 그러나 이것은 기관에서 쓰는 중요서류의 '비(秘)'와 같은 의미와는 전혀 다른 것입니다.

그 내용이 너무 평범하기 때문에 비(秘)에 붙이는 것입니다. 누구나가 알고 있는 내용이기 때문에 덮어 두는 것입니다.

기록을 하면 그 평범한 표면의 뜻만 받아들이고 소중한 깊이를 놓쳐버릴 우려가 너무나 컸던 것입니다. 어느 의미에서는 모두 알고 있는 비밀이기 때문에 비(秘)에 붙이는 것입니다.

현장은 번역을 하지 않았습니다. 번역을 하지 않은 곳에 그의 깊은 사려가 있습니다. 그것은 원어(原語)의 뜻이 있는 만큼 번역하려면 얼마든지 할 수 있었을 것입니다. 그러나 번역하면 어감이 달라지고, 이방인(異邦人) 같은 느낌의 해석이 참뜻을 해칠 우려가 있음을 생각했기 때문이었을 것으로 알려지고 있습니다.

이 책의 첫 부분에서 배움이 부족한 늙은 비구니에게 어떤 선사가 반야심경을 쉬운 말로 적어 풀이를 해 준 이야기가 나왔었습니다. 그때 선사는 경(經)의 제목으로 적혀 있는 '반야'라고 하는 곳에 반야는 아무것도 없는 곳에서 나오는 지혜를 말하는 것이라고 적어 넣어 주었습니다.

어떤 구도자는 이 선사의 노래를 인용해서 '반야심경의 색(色)은 공(空)이다.' -로 시작해서 마치 백합(百合) 뿌리나 양파의 껍질을 벗기는 것처럼, 표피에서 한 껍질씩 벗겼으나, 자, 그러면 무엇이 남았는가? 하고 힐문하듯 묻습니다.

아제아제(揭諦揭諦)

아제(揭諦)는 백합 뿌리, 양파 등 껍질을 벗기는 것처럼 제거한다는 뜻입니다. 집착을 제거하고, 진공(眞空)으로 나가고자 하는 것으로서 자각(自覺)을 가리킵니다.

바라아제(波羅揭諦)

다음의 바라아제는 다른 사람의 집착을 벗기는 것이며 타각(他

覺), 다시 말해서 타인을 깨닫게 하는 것에 해당됩니다.

바라승아제 모지사바하(波羅僧揭諦 菩提娑婆訶)

더 나가서 나와 남이 다 같이 진리의 깨달음을 원만히 성취하고자 하는 것이, 바라승아제·모지사바하(원어: para-sama-to·bodhisvaha)이며, 결국 자각(自覺)·타각(他覺)·각행원만(却行圓滿) - 깨달음과 실천이 다 같이 이루어진다 - 인 것입니다.

특별히 내세워서 비밀로 해야만 할 일은 아무것도 없습니다. 그러나 평범한 일, 아무것도 아닌 보통의 예사로운 일에서 감동을 느낄 수 있게 되기까지에는 상당한 수련이 필요한 것입니다. 그 수련이 적은 사람들을 위해서는 그것을 '비(秘)'로 해야 하는 것입니다.

그와 같은 의미에서 선인들은 경건한 마음으로 이 낱말이 갖는 어감을 흡수하고, 그 전의 번역을 좀 더 부드럽게 표현해서 이렇게 번역하고 있습니다.

'간 사람이여, 넘어선 사람이여, 피안(彼岸)에 간 사람이여, 피안에 완전히 넘어선 사람이여, 진리의 깨달음이여, 영원하라, 행복하라.'

글자와 글자 사이의 빈 곳을 메우면 '나도 깨달음(진리)의 피안에 이르렀다. 다른 사람도 또 그 피안에 가도록 했다. 모든 사람들을 다 가도록 일을 마쳤다. 마침내 나의 깨닫고자 하는 길이 이루어진 것이다.' - 이렇게 해석되는 것임을 우리에게 가르쳐 줍니다.

특별히 내세울 것도 없는 것이라고 할 수 있습니다.

그래서 이와 같은 풀이를 하지 않고 원문 그대로 둠으로써 비(秘)로 해 두는 것입니다. 그러나 이 평범의 삼엄(森嚴)함에 옷깃을 여미는 사람도 있을 것입니다. 그러한 사람들에 의해서 진리의 가르침은 넓게 전파되어 가는 것입니다.

눈더미로 샘물을 메울 수 있을까

앞에서 시무등등주(是無等等呪)를 본 바 있습니다. 반야심경 최후의 이 주(呪)에서 무등등(無等等), 그 자체로서 비교할 것이 없다는 의미를 확실히 느낄 수 있습니다. 자기만의 행복이 아니며, 다른 사람만의 행복도 아닙니다.

다른 사람의 행복이 자신의 행복이 되는 그것이 자각(自覺)이며 타각(他覺)입니다. 언제나 진리를 깨닫고 진리에 눈 뜬 밝은 마음으로 생활해 가는 그것이 각행원만(覺行圓滿)이라는 것입니다. 이보다 더한 인생의 참된 의미가 있겠습니까?

이 맹서(盟誓)와 바람[願(원)]을 소중히 해야 합니다. 소중히 하는 의미에 있어서 비밀이라고 할 수 있습니다. 평범하다는 이유 때문에 비밀로 한 가르침이라고 할 수 있습니다. 그만큼 중요한 가르침이기도 합니다.

기회 있을 때마다 누구에게나 반야심경의 독송을 권합니다. 때로는 반야심경을 독송하면 어떤 혜택이 돌아오느냐고 묻는 경우가 있습니다. 그런 때에는 경의 시무등등주의 주(註)로서, 옛 선사가 선문(禪門)의 고사(故事)를 인용한 다음과 같은 이야기를 전해 주고 있습니다.

덕운(德雲)이라고 하는 문자 그대로 덕이 높고 수행(修行)이 된 스님이 있었습니다.

그 덕운이 치성인(癡聖人), 즉 성인을 데리고 와서 둘이 같이 쌓여 있는 눈을 져 날라다가 샘을 메우려 하고 있다는 것입니다.

《벽암록(碧巖錄)》이라는 선서(禪書)에 격조 높은 송(頌) - 게(偈), 가타(加陀; gatha)라고도 하며, 시의 형식으로 교리를 찬미하는 노래와 글귀 - 으로 다른 치성인을 데리고 와서 눈을 져 날라다 같이 샘을 메운다고 노래하고 있습니다. 선사는 앞에서 말한 바와 같이 시무등등주의 주(註)에 인용하고 있습니다.

먼저 치성인(癡聖人)입니다. 치(癡)는 바보라고 하는 뜻입니다. 진(眞)·선(善)·미(美)·성(聖)의 다음에 치(癡)가 놓여 있습니다. 치(癡)란 성(聖)스러운 것에도 집착하지 않는 거룩한 성(聖)도 의식하지 않는 성(聖)을 부정해 날려 버림으로써 공(空)이 되게 하는 사람인 것입니다.

이 치성인에게 반야의 지혜가 가득히 쌓여 있다는 것을 진실한

284

눈으로 보아야 합니다.

이 사람은 덕운에 의해서 깨우쳐진 사람입니다. 스스로 깨달은 덕운은 자기가 깨우쳐 준 이 사람과 둘이 같이 눈을 등에 지고 가서 샘을 메우려고 하는 것입니다.

눈으로 샘이 메워질 까닭이 없습니다. 영원히 메워지지 않습니다. 그것은 무엇을 의미하는 것이겠습니까?

다른 사람이 인정하지 않을지라도

자신의 지위나 학력과 신앙에 구애받거나 그것을 의식하는 일이 없이 결과와 효과를 염두에 두지 않고 묵묵히 헛수고를 계속하는 것입니다. 말없이 쌓아 올리는 이 헛수고의 소중함, 나아가서 그 소중함마저도 의식하지 않는 영원의 노력입니다.

이 송주(誦呪)에서 무등등(無等等)은 그 무엇과도 비교할 대상이 없는 절대의 생명을 느끼는 것입니다.

지금은 조금이라도 다른 사람에게 인정을 받으려는 PR의 시대라고 해서 자기를 팔고 다니는 사람으로 꽉 차 있습니다. 그러한 사람들만으로는 사회가 결코 진보하는 것도 아니며 행복하게 될 수도 없습니다.

눈더미로 샘을 메우려고 하는 어리석은 일로 상징되고 있는 영원의 바람에 몸을 불태우고, 그것을 실행하는 치성인과 덕운과의 만남에서 반야의 지혜와 행(行)의 의미가 가득히 쌓여 있음을 찾아 볼 수 있습니다. 그리고 반야의 지혜가 얼마나 소중한 것인가를 알 수 있게 된다면, 말없이 자신이 하고 있는 일을 통해서 있는 힘을 다해 스스로 그 안에 뛰어드는 것입니다.

반야의 지혜가 가르치는 바에 따라 그것을 행동으로 옮겨 실천하기 위해 투신하는 것입니다. 그것이 바로 자신과 타인을 다 같이 행복하게 하는 길입니다.

이 평범한 눈 뜸, 즉 각성(覺醒)이 심반야바라밀(深般若波羅蜜)을 행(行)하는 관음입니다.

이 관음의 마음이 분명히 자기 안에도 초월적 무의식으로서 존재한다는 사실을 진심으로 납득할 수 있게 되는 것이 반야심경의 공덕이라고 믿습니다.

[부 록]

원시경전(原始經典)에서

길을 찾는 이

부처님은 보리수 그늘에서 정각(正覺)을 얻었던 순간을 회상하면서 다음과 같은 비유를 들어 말하였다.

"비구들이여, 어떤 사람이 아주 깊은 숲속을 헤매다가 우연히 옛날 사람들이 걸어간 적이 있는 길을 보았다. 그 길을 따라 한참 가 보니, 거기에는 옛날 사람들이 살았던 자취가 있는 낡은 성이 있었다. 그 성은 아름다운 연못으로 둘러싸여 있었다. 그는 돌아오자 곧 임금에게 아뢰어 그 성을 다시 쌓아 줄 것을 간청하였다. 이 이야기를 들은 임금도 흥미를 느껴 곧 신하에게 명하여 거기에다 성을 쌓게 하였다. 그랬더니 사람들이 모여들어 살게 되었다. 비구니들이여, 나도 그와 같이 옛날 성인들이 걸어간 길을 찾았을 뿐이다. 그리고 그 길을 너희에게 가르칠 따름이다."

부처님은 자기가 가르치는 길은 영원한 길임을 말하고 있다. 그 길은 벌써 오래 전에 옛 성인들이 걸은 길이라는 것이다. 또 그 길은 먼 뒷날에도 다른 부처님에 의하여 발견될 것이다.

부처님은 "내가 길이다."라는 말을 한 적이 없었다. 부처님은 다만 영원한 길을 찾아낸 분이고, 또 그 길을 중생에게 가르쳐 주는 도사에 지나지 않는다.

유복자(遺腹子)를 잃은 과부

부처님이 역시 시라아바스티이의 제에타바나 정사(精舍)에 있을 때의 일이다.

유복자를 잃은 한 과부가 너무나 서러워 어찌할 줄을 몰라 하고 있었다. 부처님에게 가면 무슨 신통한 수라도 있을까하고 찾아갔다.

"부처님이시여, 저는 유복자를 잃고 슬픔에 빠져 있습니다. 저에게 슬픔에서 헤어날 길을 가르쳐 주십시오."

하고 하소연하였다. 가만히 듣고 있던 부처님은,

"불쌍한 여인이여, 내게 한 가지 방법이 있다. 지금 곧 나가서 사람이 죽은 일이 없는 집을 일곱 집 찾아 쌀 한 홉씩을 얻어 오라. 그럼 내가 그 슬픔을 이기는 길을 가르쳐 주겠노라."

라고 말했다.

과부는 얼른 그 쌀을 얻으러 나갔다.

며칠 지난 뒤, 그 과부는 쌀 한 홉도 얻지 못한 채 풀이 죽어서 부처님에게로 돌아왔다.

사람이 죽어 본 일이 없는 집이 있을 까닭이 없었다. 그러므로 쌀 한 홉도 얻지 못한 것이었다.

그제서야 과부는 부처님이 하신 설법의 깊은 뜻을 알아차렸다. 부처님을 쳐다보는 과부의 얼굴에는 무엇을 깨달았다는 표정이 나타나 있었다. 과부에게서 슬픔은 깨끗이 사라졌던 것이다.

보라, 모든 것은 불타고 있다

당시 나이란자나 강가에는 카시아파라는 성을 가진 3형제의 바라문이 있었다. 맏형은 5백 명, 둘째는 3백 명, 셋째는 2백 명의 제자를 거느린 큰 교단(敎團)을 가지고 그 고장에서는 명망이 자못 높았다.

그들은 화신(火神) 아그니를 섬기고 있었다. 그래서 불을 무엇보다도 신성한 것으로 예배하였다.

그러나 그 세 바라문도 부처님을 만나보고, 또 부처님의 말씀을 듣더니, 그만 지금까지 그들이 섬겨 오던 화신을 버리고 부처님의 제자가 되었다.

그들을 스승으로 받들던 천 명의 제자들까지도 세 형제와 함께 부처님에게 귀의(歸依)하였다. 이렇게 하여 그때의 마가다국에서 가장 큰 교단이 그대로 부처님의 제자가 된 셈이다.

이제 부처님은 천 명의 제자를 거느리고 라자그리하(Rajagriha; 왕사성)로 향하게 되었다. 그곳은 전에 부처님이 카필라 성을 떠나 출가의 길에 올랐을 때 한 번 들른 적이 있었던 곳이기도 했다. 라자그리하는 당시 마가다국의 수도로서, 거기에는 자신의 성도(成道)를 기다리고 있는 빔비사라왕이 있었다.

라자그리하로 가는 도중 가야산을 넘게 되었다. 이 산 위에 올라섰을 때, 부처님은 천 명의 제자들에게 "보라, 모든 것은 불타고 있다."라는 설법을 하였다.

"비구들이여, 보라, 모든 것은 지금 이글이글 타고 있다. 눈이 타고 있다. 눈에 비치는 모든 형상도 타고 있다. 그 형상을 인식하는 것도 타고 있다. 눈과 형상이 부딪치는 촉감도 타고 있다. 눈이 형상과 부딪쳐서 생기는 느낌 - 즐거움, 괴로움 - 도 타고 있다. 그러면 무엇에 타고 있는가. 탐욕의 불, 노여움의 불, 어리석음의 불에 타고 있다. 또 태어남과 늙음과 죽음이 번뇌의 불에 타고 있다. 눈만이 아니고, 귀·코·혀·몸·마음도 모두 지금 다 타고 있다. 비구들이여, 이것을 바로 보는 자는 모든 것에 대한 애착이 없어지리라. 애착이 없어지면 그는 해탈할 것이다."

모든 것이 타고 있다는 첫마디로 시작한 설법은 제자들에게 새로운 경지를 열어 보였다. 지금까지 불을 예배하면서 섬겨 온 그들이었다. 그런데 부처님은 인간의 탐욕과 노여움과 번뇌가 그 불처럼 타고 있다고 하는 것이다. 불을 섬겨왔으며 불의 성질을 공부하여 온 그들에게 모든 것이 불타고 있다는 한 마디는 너무나 진실한 감동을 주었다. 그 자리에서 지금까지 불을 섬겨 오던 카시아파 형제의 천 명의 제자들은 크게 깨달은 바가 있었다고 한다.

부처님의 설법은 언제나 듣는 사람에 따라 달라진다. 환자의 병을 진찰하고 나서 그 병을 치료하는 데 알맞은 약을 주는 의사처럼, 부처님은 찾아와 묻는 사람에게 알맞은 설법을 한다는 말이다. 왕에게는 왕의 신분에 알맞게, 과부에게는 과부가 들어 알맞도록, 그 때와 곳에 맞도록 부처님의 설법은 달라진다.

먼저 나를 찾아라

어떤 사람은 혼자 있으면 고독하다고 한다. 혼자서는 외로워서 못 견디겠다고 한다. 그래서 라디오를 듣거나 영화를 보거나 혹은 벗을 찾아 밖으로 나가 하잘것없는 이야기로 혼자 있는 세계에서 벗어나려고 한다. 그러나 혼자 있다는 것은 곧 자기 자신과 함께 있는 것이요, 자기의 마음속 가장 깊은 데서 울려 나오는 내심의 소리를 들을 수 있는 기회다. 그런데 사람들은 심심하다든가 적적하다든가 해서 밖으로 뛰쳐나가기 때문에 그 소리를 듣지 못하고 만다.

바깥 소리는 우리들의 시간을 앗아가기도 하고 기운을 빼앗아 가기도 한다. 소음에 귀를 팔다 보면 우리는 때 묻지 않은 순수한 우리 자신의 목소리를 들을 수 없는 귀머거리가 되고 만다. 우리들의 가장 깊은 속마음에서 들려오는 그 소리는 곧 예수의 음성일 수도 있고, 공자의 말씀일 수도 있고, 부처님의 목소리일 수도 있다.

그것은 영원한 진리의 소리이며, 파란 하늘의 얼굴일 것이다. 바깥세상의 시끄러운 소음으로 우리가 정작 들어야 할 소리를 듣지 못하고 살아간다는 것은 분명히 현대인이 겪고 있는 커다란 비극이 아닐 수 없다.

혼자 있다거나 혹은 고독하다는 것은 곧 나 자신을 찾는 길이다. 고독을 견디어 낼 수 없는 사람은 그 자신을 찾아 낼 수도 없다. 고독의 의미를 모르고 어떻게 그 자신의 길을 갈 수 있을 것인가.

자기에게 충실한 이탈리아의 천재 레오나르도 다빈치는 화가란 고독해야 한다면서 이런 말을 한 적이 있다.

"고독하다는 것은 곧 구원을 받은 것이다. 만일 네가 혼자 있다면 너는 완전히 네 것이다. 그러나 한 친구와 같이 있을 경우, 너는 절반의 너일 뿐이다."

진리를 찾아 정진하는 구도자는 고독한 나그네다. 그는 먼저 나를 찾기 위하여 그의 눈과 귀를 밖으로 돌리지 않고 그 자신에게로 향하기 때문이다.

베나레스의 녹야원(鹿野苑)에서 맨처음 설법을 하신 부처님은 얼마 동안 그곳에 머물러 계셨다. 그 사이에 부처님의 지혜로운 가르침을 듣고 출가하여 제자가 된 사람의 수는 60여 명에 이르렀다. 그 뒤 부처님은 그들을 사방으로 보내어 이 새로운 교법(敎法)을 널리 펴게 하였고, 부처님 자신도 다시 우루벨라[苦行林(고행림)]로 향하여 전도의 길에 올랐었다.

길을 가는 도중 부처님은 혼자 숲에 들어가 나무그늘에 앉아 쉬고 있었다. 이때 한 패의 젊은이들이 당황해 하며 무언가를 찾아 숲속을 헤매고 있었다. 나무 아래에 부처님이 조용히 앉아 있는 것을 보고 그들 중 하나가 불쑥 물었다.

"여기로 한 여인이 도망쳐 오지 않았습니까?"

그 사정을 들어 보니 이러하였다. 그들은 이 근처에 사는 지체 있는 집안의 자제들인데, 한 30명쯤이 저마다 자기 아내를 데리고 모처럼 이 숲으로 소풍을 나왔었다. 그 가운데서 단 한 사람만은 아직 결혼을 하지 않았으므로 한 기녀를 아내 대신 데리고 올 수밖에 없었다. 그런데 숲에서 모두들 정신없이 놀고 있는 동안 그 여인은 값진 물건들을 가지고 달아나 버렸다. 그래서 놀이의 흥도 깨진 채 그 여인을 찾고 있다는 것이다.

이와 같은 사정을 듣고 부처님은 그들에게 말하였다.

"젊은이들이여, 그대들은 이를 어떻게 생각하는가? 달아난 여인을 찾아내는 것과 자기 자신을 찾아내는 것 중 어느 것이 더 큰 일이겠는가?"

부처님의 이러한 질문은 그들의 마음속에 강한 자극을 주었다.

놀이에만 정신이 팔렸던 그들은 부처님의 말씀에 번쩍 제정신이 돌아온 모양이었다.

"그거야 물론 자기 자신을 찾아내는 일이 더 큰 일이겠죠."

한 젊은이가 이렇게 대답하자, 부처님은 다시 그들에게 말했다.

"젊은이들이여, 그럼 다들 거기에 편히 앉아라. 내가 이제 그대들을 위해 자기 자신을 찾아내는 법을 가르쳐 주리라."

젊은이들이 모두 그 자리에 얌전히 앉자, 부처님은 언제나처럼 차근차근 인생의 바른 견해와 올바르게 사는 길에 대하여 말하기 시작했다. 그들이 지금 당하고 있는 처지를 이해하고 들으면 누구나 알 수 있도록 알맞은 비유와 옛 이야기를 곁들여 가면서 말한 것이다.

젊은이들의 마음은 아직 세상에 물들지 않고 순수하였으므로 이치에 맞는 부처님의 가르침을 하나도 놓치지 않고 열심히 들어 이해하였다. 그때마다 그들은 새로운 눈이 뜨여 가는 듯하였다. 이제까지 모르고 소홀히 지나쳤던 일들을 다시 생각하게 되었다.

그들은 조금 전까지의 그들이 아니었다. 밖으로만 내닫던 그들의 관심을 이제 안으로 돌리게 된 것이다. 바깥 세계에 마음을 빼앗기느라고 자기 자신의 세계를 돌아볼 수 없었던 그들은 이제 그 시선을 자기 내면으로 돌이킨 것이다. 지금까지 들리지 않던 '내심의 소리'가 들리기 시작한 것이다. 이리하여 그들은 새로 태어나게 되었다.

부처님의 가르침은 이와 같이 안으로 살피는 길이다. 멀리 밖에서 찾아 헤매는 것이 아니라 바로 자기 자신을 탐구하는 가르침이다. 바깥 소음에 휩쓸리지 않고 침묵의 세계에서 자기 자신을 살펴야 하는 것이다. 물건을 갖고 달아난 여인을 찾아 부질없이 어두운 숲속을 헤맬 것이 아니라 먼저 나를 찾아야 하는 것이다.

독(毒) 묻은 화살

우리들은 걸핏하면 죽겠다는 말을 많이 쓴다. 배가 좀 고파도 죽겠다 하고, 아파도 죽겠다 하며 누가 그리워 보고 싶어도 죽겠다는 말을 곧잘 한다. 이 말의 뜻을 곰곰이 생각해보면 거기에는 반드시 괴로움이 스며들어 있게 마련이다.

우리가 살고 있는 현실의 삶을 한 번 되돌아보자. 거기에는 헐벗고 굶주리는 생활이 있다. 늙고 병드는 괴로움이 있다. 또 갖가지 다툼이 있고, 전쟁의 위기도 있다. 그리고 시선을 돌려 우리들의 마음속을 들여다보면 선망·질투· 원망·야심·허영·욕심 등이 한 데 뒤섞여 잠시라도 평온하게 있을 수가 없다. 하고자 하는 일도 뜻대로 되지 않아 실망과 낙담이 우리를 우울하게 만든다. 이와같이 우리들의 현실 생활에는 안팎으로 괴로움의 강물이 끊임없이 흐르고 있는 것이다.

그러면 이 '괴로움'이라고 하는 것은 도대체 어떠한 성격을 갖고 있는 것일까? 가장 소박한 표현에 의하면 괴로움에는 마음의 괴로움과 육체적인 괴로움의 두 가지가 있다고 하였다. 범부이거나 어진 이이거나 다 같이 육체적인 괴로움을 받게 되지만, 부처님의 가르침을 듣는 성자는 어떤 고통을 당하더라도 괴로워하지 않는다는 것이다.

결국 육체적인 고통은 인간인 이상 누구나 받게 되지만, 그것을 성자들은 마음의 괴로움으로까지 가져가지 않는다. 그렇지만 범부들은 바깥으로 고통을 받을 때에는 곧 마음의 괴로움도 함께 받게 되는 것이다. 우리들이 몹시 좋아하고 소중히 여기는 어떤 물건을 잃어버렸다고 하자. 이때 우리는 물건만 잃어버리는 것에 그치지 않고 아깝고 분한 생각 때문에 우리들의 마음까지도 함께 잃어버리게 되는 일을 가끔 경험하고 있지 않은가. 그러나 물건쯤이라면 차라리 견딜 수도 있다. 우리들이 사랑하는 어머니나 벗을 잃게 될 경우, 우리의 슬픔은 거의 절정에 달한다. 그 슬픔은 오래오래 가셔지지 않는다.

그러나 부처님의 법을 듣고 눈을 뜬 사람들은 세상에 있는 것은 항상 그대로 있는 것이 아니라는 '무상(無常)의 이치'를 알았기 때문에 그러한 괴로움에서 선뜻 벗어날 수 있다. 똑 같은 고통을 범부와 성자는 이처럼 다르게 받는 것이다.

우리에게 있어서 필요한 것은 어떤 괴로움을 당하였을 때에 그 괴로움에 몸과 마음이 짓눌리지 않고 괴로움의 근원을 올바른 눈으로 보는 일이다. 대수롭지 않은 말단에 걸려 본래의 모습을 잃어버리지 않도록 살필 일이다.

부처님이 시라아바스티이의 제에타바나 정사(精舍)에 있을 때였다. 하루는 말룽캬[鬢童子(만동자)]라고 하는 제자가 무언가 심각한 표정으로 부처님을 찾아왔다. 그가 지금 심각하게 생각하고 있는 것은 부처님이 어떤 문제에 대해서 해답을 주지 않기 때문에 품고 있는 불만이었다.

그 문제는 당시 사상가들 사이에 크게 유행되던 것이었다. 곧 세계는 유한한가 무한한가, 혹은 영혼과 육체는 같은 것인가 따로 떨어져 있는 것인가 하는 문제들이었다. 철학을 공부하는 그에게는 부처님이 그와 같은 문제에 대하여 시원스런 해답을 주지 않는 것이 견딜 수 없이 못마땅하였다.

그는 무척 흥분된 목소리로 부처님께 여쭈었다.

"세존이시여, 저번에 말씀드린 그 문제에 대하여 오늘도 해답을 주시지 않는다면 저는 그만 세존의 곁을 떠나 마을의 집으로 돌아갈 작정입니다."

부처님은 제자의 상기되어 있는 얼굴을 한참 동안 뚫어지게 바라보고 있다가 마침내 그에게 말문을 열었다.

"말룽캬여, 여기 어떤 사람이 뜻밖에 독이 묻은 화살에 맞았다고 하자. 그때 그의 친구들은 서둘러 의사를 부르러 갔다. 그런데 그는 먼저 나를 쏜 놈은 누구인가, 나를 쏜 활은 어떻게 생겼는가, 또 그 활촉은 어떤 모양을 하고 있는가, 이와 같은 일을 알아내기 전에는 이 화살을 빼내서는 안 된다. 치료도 받지 않겠다고 고집을 부린다면 어떻게 될 것인가. 말룽캬여, 그는 그와 같은 일을 알기도 전에 죽고 말 것이다.

말룽캬여, 세계는 유한한가 무한한가, 영혼은 육체와 같은 것인가 다른 것인가, 인간은 죽은 뒤에도 그대로 존재하는가 안 한는가, 이와 같은 문제에 대답하였다고 하여 우리들이 지금 받고 있는 괴로움이 사라지는 것은 아니잖느냐. 우리들은 당장 겪고 있는 이 현실의 삶에 있어서 괴로운 인생을 극복하지 않으면 안 되는 것이다.

그러기 위해서는, 말룽캬여, 내가 말하지 않는 것은 말하지 않는 그대로 받아 가져라. 그리고 내가 말한 것은 말한 그대로 받아 가져라."

여기에서 부처님이 말한 비유는 '독 묻은 화살의 비유'라 하여 불교를 아는 사람들 사이에는 널리 알려진 이야기다. 이 비유는 우리들의 걱정 근심이나 괴로움을 없애는 일에 직접 소용이 없는 의논을 피할 것을 가르친 것이다. 동시에 괴로움의 근원이 되는, 화살이 박혔다는 사실을 인식하고 바삐 고통의 원인인 독 묻은 화살을 빼내는 일이 선결 문제임을 말한 것이다. 활이 어떻게 생겼거나, 활촉이 어떤 모양을 하고 있거나, 또 어디 사는 누가 쏘았거나 그것은 둘째 치고 먼저 급히 서둘러야 할 일은 독이 몸에 퍼지기 전에 화살을 빼내는 일이다.

항상 근심 걱정 속에 있는 자기의 현실을 바르게 살피고, 이 걱정 근심으로부터 어떻게 벗어나야 할 것인가 하는 점에 수도의 목표가 있는 것이다. 이렇게 볼 때 회색이론은 아무리 깊고 합리적일지라도 그것은 하나의 부질없는 말장난에 지나지 않는다. 부처님이 세계가 유한한가 무한한가와 같은 형이상학적인 문제에 한결같이 침묵을 지킨 것은, 그 물음이 전혀 쓸모없는 희론(戲論)이라고 생각했기 때문이다.

우리들의 주위에도 이와 비슷한 경우가 적지 않으리라. 욕심이라는 독이 묻은 화살, 말이라는 독이 묻은 화살이 박혀 있는데도 그것을 빼내는 일은 까맣게 잊어버리고 거기에 상관하여 시비를 가린다든지 또는 쓸데없이 작은 일에 집착하여 괴로워하고 있지 않은가.

여래(如來)는 길을 가르칠 뿐이다

부처님에겐 여러 가지 이름이 있었다. 그것은 모두 그분의 덕이나 성격을 나타내는 명칭들이었다. 그 중 대도사(大導師)란 말은 탐욕과 분노와 어리석음으로 끝없이 헤매는 중생들에게 바른 길을 가르쳐 깨달음의 경지에 들어가게 하는 큰 스승이란 뜻이다. 곧 바른 길을 가르쳐 주는 스승이란 말이다.

부처님은 한평생을 두고 길을 잃고 헤매는 수많은 길손에게 길을 가르쳐 주었다. 어린이에게는 어린이가 가야할 길을, 어른들에게는 어른들이 가야할 길을, 병든 이에게는 병에서 낫는 길을, 그리고 죽음에 이른 사람에게는 영원히 사는 길을 가르쳐 주었다. 한마디로 하여 부처님은 온갖 괴로움에서 벗어나는 길을 가르쳐 준 것이다.

부처님은 결코 전능한 신이 아니었다. 그는 엄하고 무표정한 신이 아니라 깨달은 사람이었다. 그는 우리처럼 체온을 지닌 인간이었다. 모든 번뇌에서 벗어난 깨달은 인간이었다. 그는 생명의 요구에 따라 인간적인 사명을 다하였을 뿐이다.

부처님에게는 수많은 사람들이 길을 물으러 왔었다. 그 가운데에는 어려운 문제를 제기하여 논쟁을 꾀하려는 사람도 있었고, 또 부처님의 가르침에 대해서 진정으로 의문이 생겨 그걸 알고자 하는 사람도 있었다.

부처님이 시라아바스티이의 교외에 있는 녹자모강당(鹿子母講堂)에 머물러 있을 때였다. 하루는 마우도가랴야나[目連(목연)]라는 수학자(數學者)가 부처님을 찾아왔었다.

그는 두 가지 질문을 부처님에게 제시하였다.

"세존이시여, 제가 이 강당에 오는 데에는 거쳐야 하는 길이 있었습니다. 제가 전문으로 하는 수학에도 차례대로 가르치는 방법이 있습니다. 세존이시여, 당신의 가르침에도 순서를 따라 배우는 그러한 길이 있습니까?"

부처님은 빙그레 미소를 지으며 이렇게 대답하였다.

"벗이여, 나의 가르침에도 물론 일정한 순서를 따라 배우는 길이 있소. 이를테면, 말을 잘 다루는 사람은 좋은 말이 들어오면 우선 머리를 바르게 하는 훈련부터 시키고 나서 여러 가지 훈련을 차례로 시키는 것이오. 나도 마찬가지로, 진실한 사람을 만나면 점차로 수행하여 마지막에는 니르바나[涅槃(열반)]의 경지에 이르게 하오."

부처님은 덧붙여서 비구들이 밟아야 할 길을 질서 정연하게 낱낱이 설명해 주었다.

마우도가랴야나는 다시 물었다.

"그럼, 세존이시여, 그와 같이 지도를 받은 당신의 제자들은 모두 니르바나의 경지에 이르렀습니까, 혹은 이르지 못한 사람도 있습니까?"

"벗이여, 내 제자 중에도 거기까지 이르지 못한 이가 있소."

"그렇다면 참으로 니르바나의 경지는 있고, 거기에 이르는 길도 있다면, 또 세존이 도사(導師)로서 계시는데 어찌하여 이른 사람도 있고, 이르지 못한 사람도 있습니까?"

이 물음에 부처님은 여느때처럼 반문법(反問法)으로 대답하였다.

"그럼 벗이여, 여기 어떤 사람이 그대에게 왕사성(王舍城)으로 가는 길을 물었다고 합시다. 그대는 그 사람을 위해 자세히 그 길을 가르쳐 줄 것이오. 그런데 어떤 사람은 무사히 왕사성에 닿을 수가 있었는데, 또 다른 사람은 길을 잘못 들어 딴 길에서 헤매는 일도 있을 것이오. 그것은 왜 그럴까요? 분명히 왕사성은 있고, 그곳으로 가는 길도 있어서 그대가 길을 가르쳐 주었는데, 어째서 어떤 사람은 거기에 닿았고 어떤 사람은 닿지 못하였겠소?"

그는 약간 얼굴을 붉히고 더듬거리면서 대답하였다.

"세존이시여, 그거야 전들 어떻게 할 수가 있겠습니까. 저는 다만 길을 가르쳐 주었을 뿐인데요."

부처님은 고개를 끄덕이고 나서 말하였다.

"그렇소. 마우도가랴야나여, 나도 또한 마찬가지요. 니르바나는 분명히 있고 거기에 이르는 길도 있으며 또 내가 도사로 있음에도 불구하고 내 제자 중에는 이에 도달한 사람도 있고 도달하지 못한 사람도 있소. 그렇지만 그것을 난들 어떻게 할 수가 있겠소. 여래는 다만 길을 가르칠 뿐이오!"

이와 같은 가르침을 듣고 이 수학자는 부처님을 섬기는 재가(在家) 신자(信者)가 되었다고 한다.

여기에서 어쩌면 부처님의 위신력(威信力)에 대한 기대가 무너졌을 것이므로 부처님에 대하여 의아하게 생각할 사람이 있을지도 모른다. 부처님이라면 그만한 힘을 발휘하여 직접 니르바나에 이르게 할 수도 있지 않겠는가고. 그러나 돌이켜보면 "나는 다만 길을 가르칠 뿐이다."라는 이 말에서 우리는 오히려 부처님 본래의 면모를 볼 수가 있다.

이와 같이 부처님이란 어디까지나 길을 가르쳐 주는 '도사(導師)'인 것이다. 그는 일찍이 자기의 신격(神格)을 주장한 적이 없었다. 그리고 기적을 나타내 보이거나 불가사의한 일을 행하거나 해서 사람들에게 믿음을 강요한 일도 없었다.

목이 말라 물을 찾는 소를 물가까지는 끌고 갈 수가 있다. 그러나 아무리 목이 마르더라도 그 물을 마시거나 안 마시거나 하는 것은 소 자신에게 달려 있다.

부처님은 다만 길을 가르치는 도사로서 그들을 가르치고 일깨워 바른 길로 이끌어 준 '사람'이다. 그러므로 그와 같은 도사에게는 다만 '길을 가르치는 일'만이 그 본래의 사명이다.

여래는 다만 길을 가르칠 뿐이다.

진실과 거짓

"진실 아닌 것을 진실로 생각하고 진실을 진실 아닌 것으로 보는 사람은 진실을 모르고 부질없이 망상만을 따르고 있다."

"그러나 진실을 진실인 줄 알고 진실 아닌 것을 진실 아닌 것으로 아는 사람은 진리에 도달하고 바른 생각을 따르리라."

우리는 먼저 진실이 무엇이고 진실 아닌 것이 무엇인지를 똑똑히 분간할 줄 알아야 하겠다. 진실과 진실 아닌 것을 바로 분간하지 못하면 우리는 길 잃은 사람처럼 중도에서 헤매다가 진실에는 도달하지 못하고 만다. 아무리 배가 훌륭히 꾸며져 있더라도 진짜 아닌 가짜 배로서는 피안에 건너갈 수 없는 것과 같다.

옛날 허영에 들뜬 어리석은 임금이 있었다. 그의 주변에서 그를 섬기고 있는 신하들은 하나같이 아첨만을 일삼는 무리였다.

어느 날 아주 말솜씨가 능한 옷감 장수가 임금 앞에 나타나 갖고 온 옷감을 한 가지씩 선전하다가,

"이것은 거짓말을 한 일이 없는 진실한 사람의 눈에만 보이는 가장 비싸고 훌륭한 옷감입니다. 그러니까 거짓말쟁이의 눈에는 보이지 않지요. 이 옷감으로 옷을 지어 입으면 아마 이 세상에서 가장 품위 있고 고귀한 옷을 입은 임금님이 되실 줄로 압니다. 아무도 이제까지 이 같은 옷을 지어 입은 임금님은 없었습니다."

하고 그럴 듯하게 장광설을 늘어놓으면서 옷감을 펼쳐 든 듯이 두 팔을 높이 쳐드는 것이다.

거기에는 허공밖엔 아무것도 보이지 않았지만, 아첨하는 무리들은 정말 눈에 보이는 것처럼 감탄까지 하면서 칭찬하였다. 거짓말을 한 적이 없고 진실만을 말했었다는 충성을 임금님에게 보이기

위함이었다.

다음날 그 옷감 장수는 정말 어제 그 옷감으로 옷 한 벌을 지어왔다고 하면서 임금님에게 어서 입으라고 하였다. 눈에는 아무것도 보이지 않았지만 모두가 입을 모아 훌륭하다고 하니까, 어리석은 임금님은 입었던 옷을 홀랑 벗고 갈아입는 것이었다. 옷을 갈아입었다고 생각한 임금님이 나타나자, 신하들은 한결같이 "참 훌륭하고 장하십니다."하고 땅에 엎드린 채 칭송하였다. 발가벗은 임금님의 꼴을 눈을 들고서는 차마 쳐다볼 수 없었기 때문이었다. 그러나 모든 신하들은 진실을 말하기를 두려워하고 있었다. 왜냐하면 그 옷이 보이지 않는다면 자기가 거짓말쟁이라는 사실이 드러나고 말기 때문이었다. 여기에서는 진실이 거짓이 되고, 거짓이 진실이 되는 곳이기 때문이었다.

발가벗은 임금님은 자기가 입은 새 옷을 자랑하려고 거리로 행차할 뜻을 신하들에게 알렸다. 정말 천지가 뒤집힐 사건이지만 간신들은 감히 진실을 말하려고 하지 않았다. 드디어 발가벗은 임금님은 위풍당당하게 거리에 나섰다. 그런데 내막을 다 알고 있는 백성들도 그저 "참 훌륭하십니다."라고 아첨만 할 뿐 아무도 발가벗은 진실을 임금에게 아뢰려고 하지 않았다. 백성들도 잘못하였다가는 거짓말쟁이가 되고 불충한 사람으로 몰려 임금님의 노여움을 사게 되는 것이 두려웠기 때문이다.

진실 아닌 것이 진실이 되고 있는 곳에서는 모든 거짓이 활개를

치는 법이다. 거짓말쟁이만 사는 나라에서는 진실을 말하는 사람이 도리어 거짓말쟁이가 되는 것이다. 발가벗은 임금님과 간신들은 거리의 중심까지 왔다.

바로 그때였다. 대여섯 살 먹은 사내아이가 임금님 앞으로 달려오더니,

"야아, 임금님이 발가벗었네!"

하고 웃으면서 손가락질을 하는 것이었다. 그제서야 거짓은 폭로되고 발가벗은 임금님의 행렬도 끝났다. 어느 때 어디서나 어린이만은 진실을 그대로 말하게 마련이다. 거짓을 모르기 때문이다. 거울같이 맑은 눈에는 모든 것이 있는 그대로 믿고 또 본 그대로 보이는 것이다. 거기에는 꾸밈이 없다. 꾸민다는 것은 이미 그만큼 마음이 어질러졌음을 말한다. 그러나 어린이들은 꾸밈이 없기 때문에 어른들보다 진실한 것이다. 그러므로 어느 시인은 "어린이는 어른의 아버지다."라고 말하였다.

꾸밈없는 아버지의 마음에 관하여 또 한 가지 재미있는 이야기가 있다.

빚쟁이가 대문 밖에서 주인을 찾았다. 다급해진 주인은 벽장 속으로 숨으면서 어린 아들에게,

"아버지는 집에 안 계신다고 그래라."

하고 일렀다.

마침내 그 빚쟁이는 마당까지 들어와 주인을 다시 찾았다. 어린

아들이 대신 마루로 나갔다. 빚쟁이가,

"아버지 계시냐?"

고 묻는 말에,

"아버지는 벽장에 들어가 숨으면서 손님에게는 '집에 안 계신다고 말하라'고 그랬어요."

하고 그 아이는 순진한 대답을 하였다. 진실을 보고 그대로 전하는 동심이다. 정말 티 하나 없이 맑은 동심이다.

예수님이 "어린 아이 같지 않으면 천국에 들어가지 못한다."고 한 말씀이 있다.

이와 같이 깨끗하던 동심이 거짓 꾸밈으로 구겨지고 때 묻은 세파로 더러워질 때, 이지러지고 먼지가 낀 거울처럼 진실을 진실대로 받아들이지 못하는 것이다.

이때 사람은 진실 아닌 것을 진실이라고 생각하며, 진실을 진실 아닌 것으로 받아들이는가 하면 부질없이 망상만을 따른다.

그러나 어떠한 환경과 조건에서도 동심 같은 맑고 깨끗함을 잃지 않는 현자는 진실을 진실인 줄 알고 진실 아닌 것을 진실 아닌 줄 앎으로써 진리에 도달하고 바른 생각에 따르게 된다.

목숨이 아까워 진실을 말하지 않는 아첨배는 죽을 때까지 부질없는 망상에서 헤매게 되지만, 진리의 사도는 영원히 밝은 길을 걸어갈 것이다.

녹슨 쇠붙이

"쇠에서 생긴 녹이 쇠를 먹어 들어가듯, 죄인의 악행은 죄인을 지옥으로 몰고 간다."

녹슨 쇠붙이라는 말이 있다. 아주 녹슬어 버린 쇠붙이는 썩은 나무토막처럼 쓸모없게 되는 것이다. 그런데 그 쇠에 붙은 녹은 밖에서 온 것이 아니고 쇠 자체로부터 나왔다는 것이 《법구경》 24장의 비유다.

이와 같이 사람들은 자기 자신의 악행에서 생긴 죄 때문에 지옥으로 떨어져 고통을 받게 된다고 이 비유(比喩)는 말해 주고 있다.

부처님이 세상에 나오기 전에 사람의 죄는 밖에서 온다고 생각한 외도종파(外道宗派)가 있었다. 그들은 죄에 대한 법을 피하려고 하느님에게 제사를 드리거나 일정한 의식을 행하였다. 두 손에 불타고 있는 접시를 들고 기도문을 외우거나 갠지스 강에 들어가 목욕을 함으로써 죄를 깨끗이 씻을 수 있다고 이 종파는 가르쳤다. 오늘날도 이 종파의 신도들은 갠지스 강에서 목욕을 하는 종교의식을 예전처럼 올리고 있다.

그러나 죄는 사람의 나쁜 행위에서 온다고 《법구경》에서 말하고 있다. 밖에서 오는 것이 아니고 그 자신의 악행에서 온다고 했다. 그러므로 사람은 저마다 자기가 저지른 악행에서 오는 죄의 책임을 져야 한다. 죄는 밖에서 오는 것이 아니고 자기 스스로의 행위에서 오는 까닭이다.

죄를 짓고 안 짓는 것은 사람이 어떻게 행위하느냐에 달려 있다. 어떻게 행위하느냐 하는 갈림길에서 선택의 자유는 그 사람 자신에게 있다. 자기 자신이 선택하였기 때문에 책임은 자기 자신에게 돌아오는 것이다. 그러므로 인간의 죄에 관하여 말할 때《법구경》은 초월적인 신의 존재 같은 것은 인용하지 않았다. 그리고 또 지금 자기 자신에 의해 이루어진 행위가 그의 장래의 운명을 결정하는 것이다.

한 인간이 악한 행위를 하여 죄를 저질렀으면, 그는 장래에 자기가 저지른 죄의 대가를 받아야 한다. 견딜 수 없는 지옥의 고통을 받게 되는 것도 그가 저지른 죄의 값이다. 그러므로 자기 자신의 운명을 결정짓는 자도 역시 나 자신이다. 내가 악행에 의하여 죄를 짓고, 그 보답으로 내가 지옥에 떨어져 고통을 받는다는 것이다. 그러므로《법구경》은 정말 현자가 할 행동을 우리에게 말해 주고 있다.

'대장장이가 은에서 불순물을 제거하는 것처럼, 현자는 하나씩 하나씩 점차로 자기의 더러움을 제거한다.'

원한(怨恨)은 원한으로 없어지지 않는다

"미움은 미움에 의하여 풀어지지 않는다. 미움은 미움이 없는 때에만 풀어진다. 이것은 영원한 진리다."

저 유명한 간디가 아프리카에 있을 때의 일이다. 백인 폭력배가 간디를 불의에 습격하여 폭행을 한 일이 있었다. 가까스로 목숨을 건질 수 있을 정도로 위급했었다. 이 사건 때문에 피해자인 간디는 법정의 증언대에 서게 되었다. 방청석에는 많은 백인들과 여러 나라 신문기자들이 자리 잡고 있었다. 모든 사람의 시선은 이 작달만한 유색인의 입으로 쏠렸다.

간디의 입이 천천히 열리기 시작하더니 엄숙한 음성으로 또렷또 렷하게 말하는 것이다.

"지금 이 자리에서 나는 한 가지 분명히 말해 두어야 하겠습니다. 피해자인 나로서 한 마디 나의 신조를 말해야 하겠습니다. 저기 앉아 있는 피고인들은 내게 어떤 원한을 품고 있었기 때문에 폭행을 했을 것입니다. 그러나 나로서는 저 사람들에 대해 아무런 원한을 품고 있지 않습니다. 저 사람들이 나를 미워한다는 이유만 으로 내가 반드시 그들을 미워해야 할 까닭은 없습니다. 미움은 미움에 의하여 풀어지지 않기 때문입니다. 나는 미움은 미움이 없어질 때에만 풀어진다는 영원한 진리를 믿고 있습니다. 그들을 즉각 석방해 주시기 바랍니다."

법정 안에 앉아 있던 모든 사람들의 눈은 다시 한 번 이 가무잡잡한 피부의 성자(聖者)에게로 집중되었다. 그들의 눈은 감탄과 칭찬으로 가득 차 있었다. 미움은 미움으로 풀어지지 않는다는 영원한 진리를 굳게 믿고 또 그대로 간디는 실행하고 있었기 때문이다.

남이 나를 미워한다고 해서 내가 그를 미워하면 그는 다시 나를 미워하게 된다. 이렇게 되면 남과 나 사이에서 미움이 그칠 날은 없다. 미움은 또 자꾸 다른 미움을 낳는 까닭에, 이 이치를 깊이 깨닫고 믿었던 간디는 그를 미워해서 폭행까지 했던 백인들을 미워하지 않았을 뿐 아니라 석방할 것을 요구하였던 것이다.

'남이 네 오른뺨을 때리거든 왼뺨까지 내 놓아라.'

기독교 성경의 한 구절이다. 남이 자기 오른뺨을 때린다고 해서 그 보복으로 그의 오른뺨을 때린다면 싸움이 일어나고 만다. 그리고 서로 때리는 일을 되풀이하고 있으면 그 싸움은 그치지 않는다. 그러므로 남이 뺨을 때리거든, 차라리 다른 뺨까지 맞아 주라는 말이다.

남이 자기를 미워하면서 때렸을 때 자기에게도 그를 미워하는 감정이 치밀어 오른다. 이 감정을 그대로 터뜨리면 싸움은 일어나고 만다. 이러한 때에 우리는 참을 줄을 알아야 한다. 미워함보다는 참음이 더 어려움을 안다. 어려우니까 우리는 참는 법을 배우고 항상 닦아야 한다. 이것을 인욕(忍辱)이라고 한다. 《법구경》은 다시,

"사람들은 우리가 여기(이 세상)에서 견디어 나가야 한다는 것을 모르고 있다. 이것을 아는 사람들에게서는 모든 다툼은 곧 사라지리라."

라고 이 세상에서는 참고 견디어 나가야 한다는 것을 강조하고 있다. 우리는 이 세상에서 참고 견디어 나가야 한다는 것을 다시 한번 되새겨 보자.

모든 것은 마음에서

어느 날 정사(精舍)로 돌아오는 길이었다. 부처님은 길 위에 떨어져 있는 헝겊을 보고 제자에게 주워 오라고 하였다. 제자가 그것을 주워 오자, 부처님은 그게 무슨 헝겊이냐고 물었다. 한참 냄새를 맡던 제자는 대답했다.

"이것은 고급 향을 쌌던 헝겊인가 봅니다. 아직도 향기가 남아 있습니다."

부처님은 다시 걸음을 옮겼다. 이번에는 길가에 떨어져 있는 새끼 토막을 보게 되었다. 부처님은 곁에 있는 제자에게 그 새끼 토막을 주워 오라고 하였다. 그리고 어떤 새끼 토막이냐고 물었다. 새끼 토막의 냄새를 맡던 제자는 대답하였다.

"이것은 생선을 묶었던 새끼입니다. 아직도 생선 비린내가 남아 있습니다."

한참 무엇인가 골똘히 생각하고 있던 부처님은 천천히 입을 열더니 엄숙한 표정으로 말하였다.

"사람이란, 원래는 누구나 다 깨끗하고 맑았다. 그러나 환경과 조건에 따라 달라진다. 항상 현자를 가까이 한 사람은 그만큼 지혜가 밝아지고 몸가짐이 깨끗해지지만, 어리석은 친구와 사귀게 되면 그 자신도 어리석게 되고 미련해진다. 이 헝겊은 향을 쌌기 때문에 향내가 나고, 저 새끼는 생선을 묶었기 때문에 비린내가 나는 것과 같다."

우리는 향을 쌌던 헝겊과 생선을 묶었던 새끼의 비유를 들어서 한 부처님의 설법을 다시 되새겨 보아야 하겠다. 흙탕물 속을 건너면서 발에 흙이 묻지 않기를 바랄 수는 없다. 아무래도 흙이 묻게 마련이다. 마찬가지로, 향료 공장 안을 지나가면 으레 옷에 향기로운 냄새가 스며들게 마련이다.

사람도 꼭 이와 같다는 부처님의 뜻이다. 원래 마음의 바탕은 맑고 깨끗하다. 내가 나를 위하여 무엇을 하겠다고 마음을 먹는다든지, 또는 내것을 만들겠다고 욕심을 부릴 때, 마음은 그쪽으로 기울어져 물들어 간다. 한번 물들어 버리면 다시 맑고 깨끗하여지기는 매우 어려운 법이다. 하얀 헝겊이 때묻어 검어지기는 쉽지만, 한번 때가 묻어 검어진 헝겊이 다시 하얀 헝겊으로 되기는 매우 어려운 것과 같은 이치다.

그래서 《법구경》 첫 구절은,

'모든 것은 우리의 마음에서 나왔고, 마음은 모든 것에 앞선다. 그리고 마음에서 모든 것은 이루어진다. 나쁜 마음을 갖고 말하거나 행동하면 그 뒤에는 슬픔이 따르게 마련이다. 수레바퀴가 마부의 뒤를 따르듯이.'

라고 시작되어 있다.

그리고 두 번째 구절은 이와는 반대되는 결과를 교훈하고 있다.

'모든 것은 우리의 마음에서 나오고 마음은 모든 고(苦)에 앞선다. 그리고 마음에서 모든 것은 이루어진다. 청정한 마음을 갖고 말하거나 행동하면 행복이 그를 떠나지 않으리라. 마치 그림자가 몸을 떠나지 않는 것처럼.'

어리석은 사람

'깨어 있는 이에겐 밤은 길고, 고달픈 자에겐 지척도 천리다. 바로 진리를 알지 못한 어리석은 사람에게 윤회는 길기도 하다.'

대승불교에서 반야(般若)의 사상은 매우 중요한 자리를 차지하고 있다. 이 반야는 지혜를 가리키는 말이다. 그리고 반야와 지혜를 한 데 묶어 반야지(般若智)라 부르기도 한다.

그런데 이 반야지는 우리가 보통 말하는 지혜보다는 한층 밝고 높은 지혜를 가리킨다. 태양처럼 밝고 히말라야처럼 높은 지혜를 어떠한 어둠이라도 뚫고 환히 비춰 주는 그러한 지혜를 가리킨다.

그러나 이 반야의 지혜를 알지 못하고 어두운 그늘에서 헤매는 사람들이 있다. 그들은 지혜의 등대를 보지 못하는 까닭이다.

이와 같이 어리석은 사람들은 자신의 어리석음을 모르고 있기 때문에 더욱 그만큼 어리석은 것이다. 그래서 《법구경》에서는, '자신의 어리석음을 알고 있는 자는 적어도 그만큼 현명하다. 그러나 자신을 현명하다고 생각하는 자는 정말 어리석은 사람이다.' 라고, 날카로운 교훈을 보여주고 있다.

"네 자신을 알라!"고 한 소크라테스의 말이 연상된다.

자기가 어리석은 줄도 모르고 현명한 것처럼 생각하는, 정말 어리석은 사람은,

"한평생 현명한 사람과 사귀더라도 진리를 모른다. 마치 숟가락이 국 맛을 모르고 있듯이." 라고 혹평한다. 아무리 국 맛이 좋더라도 맛을 모르는 숟가락에 어리석은 사람을 비유한 것은 참 재미있는 비유다. 그러나 어리석은 사람과 반대로 지혜 있는 사람은,

"잠깐 동안 현자와 사귀더라도 그는 곧 진리를 안다. 마치 혀가 국 맛을 알듯이." 라고, 맛을 아는 혀에다 지혜 있는 사람을 비유하였다. 조금만 혀끝에 닿더라도 혀는 곧 그 맛을 알아차린다. 이처럼 지혜의 눈이 밝은 사람은 현자와 잠시 옷깃을 스치고 지나가더라도 현자의 진리를 안다는 말이다.

그러므로 《법구경》 '바보의 장'에서는 친구를 사귈 때부터 어리석은 사람과 사귀게 되면 자기 자신도 어리석은 어둠에서 벗어나지 못한다고 하였다. 어리석은 사람과는 오래 사귀면 사귈수록 더욱더 어리석어질 뿐이다. 이것을 《법구경》에서는,

'자기보다 훌륭하거나 비슷한 사람을 만나 함께 갈 수 없거든 차라리 혼자 길을 가라. 어리석은 자와는 길벗이 되지 말라.'

고 말하면서 어리석은 사람을 다시 한 번 타일렀다.

'아무것도 모르는 어리석은 사람은 자기를 진리의 원수로 만들고 나쁜 짓을 마음대로 한다. 그리고 두고두고 쓰디쓴 맛을 본다.'

말과 행동

"보기에는 아름다우나 향기가 없는 꽃처럼 훌륭한 말에 실천이 따르지 않으면 열매를 맺지 못한다."

꽃이 아무리 아름답더라도 향기가 없으면 열매를 맺지 못하는 법이다. 향기가 없으므로 나비와 벌들이 찾아들지 않기 때문이다. 이와 같이 아무리 말을 유창하게 잘 하더라도 실천이 따르지 않으면 그 말은 알맹이 없는 말이 되어 버린다.

요즈음 우리 주변에는 너무 말이 많다. 신문·라디오·잡지 등을 통하여 옛날 사람들은 상상조차 못할 만큼 말이 많아졌다.

이 땅 위에는 말이 홍수같이 범람하고 있다. 그런데 말은 홍수같이 범람하고 있지만 그 말대로 되어 가는 일은 아주 드문 것 같다. 사람들은 말만 그럴듯하게 늘어놓을 뿐 실천에는 옮기지 않고 있기 때문이다. 머리로 생각하고 입으로 크게 떠들어만 놓고 실천하지 않는 사람은, 마치 머리와 입만이 어른만큼 크고 팔다리는 갓난아이와 같이 작은 기형인(畸形人)이다. 이들의 머리와 입은 거인의 것만큼 크지만, 다리는 큰 머리를 받들고 견딜 만큼 강하지 못하다. 머리와 입은 자꾸 쓰기 때문에 기형적으로 커가지만, 팔과 다리는 쓰지 않기 때문에 가늘어진다.

우리는 이 같은 기형인으로 성장해서는 안 된다. 우리는 말보다 앞서 행동으로 실천하는 사람이 되어야 한다. 말이 앞서기 때문에 실천하는 발이 못 따라가는 것이 아니고 도리어 실천하는 발이 너무 앞서기 때문에 말이 못 따라가는 실천가가 되어야 한다.

말없이 침묵 가운데서 실천하는 사람을 상상하여 보자. 얼마나 믿음직스러운가. 첫여름의 논에서 개구리같이 떠들어 대기만 하는 무리보다는 홀로 묵묵히 실천하는 사람이 더욱 거룩하다.

우리는 부처님을 샤키아무니(sākyamuni)라고 부른다. 여기서 '샤키아'는 부처님의 성이고 '무니'는 옛날 인도어로 성인(聖人)이란 뜻이다. 그런데 이 성인의 뜻을 가진 '무니'의 원의(原義)가 '침묵을 지킨다'는 뜻에서 유래되었다는 사실이 퍽 흥미롭다. 인도인들은 홀로 침묵을 지키면서 오로지 실천만 하는 사람을 성인으로 보았다.

인도의 성인들 가운데는 죽을 때까지 말 한마디 없이 침묵과 함께 살아간 이도 있었다. 그들은 다만 실천만 할 따름이었다. 얼마나 거룩한 사람들인가. 그들의 인격에서는 그윽한 향기가 풍겨 나오는 듯하다. 그러므로 《법구경》에서는,

'아름다운 꽃에 향기가 있듯이 훌륭한 말에 실천이 따르면 열매를 맺는다.'라고 하였다.

자신을 다듬는다

옛날에 한 바라문(婆羅門)이 있었다. 총명하고 재주가 남보다 뛰어나 못 하는 일이 없었다.

어느 날 그는 스스로 맹세하였다.

"한 가지 재주라도 능하지 못하면 천재라는 말을 듣지 못한다. 나는 이 세상의 모든 기술을 통해서 명성을 떨치겠다."

다음날부터 그는 여러 나라를 돌아다니면서 훌륭한 스승과 술사(術士)들을 찾아가 열심히 공부하고 재주를 익혔다. 그랬더니 해를 거듭할수록 그의 재주는 늘어가고 또 재주가 늘어감에 따라 그의 명성은 점점 높아갔다.

이제 그는 아주 뽐낼 수 있게 되었다. 그리고 여러 나라 수도에서

많은 제자들을 가르치는 자리에 앉게 되었다. 어디를 가나 재주를 그와 겨루려고 하는 사람이 없을 만큼 그는 유명해졌다. 그래도 그는 쉬지 않고 꾸준히 그의 재주를 다듬고 익혔다.

이 바라문이 하루는 라자그리하의 교외에서 우연히 부처님과 마주치게 되었다. 부처님은 마침 라자그리하에서 탁발(托鉢)을 끝내고 오는 길이었다. 재주가 비상한 그 바라문도 이전부터 부처님에 대하여 여러 가지 소문을 들었다. 그래서 바라문은 부처님을 향하여 아주 도도한 태도로 먼저 묻는 것이었다. 기세가 꺾일까 두려웠던 까닭이었다.

"그대는 어떤 재주를 익히고 다듬는 사람인가?"

부처님은 조용하고 가라앉은 음성으로,

"나는 나 자신을 다듬는 재주를 익히고 있소." 라고 대답하고, 이어 현자의 길을 가르쳐 주었다.

"운하(運河)의 기사(技士)는 물을 끌어들이고 활 만드는 사람은 화살을 곧게 만든다. 목수는 나무를 깎아 다듬는다. 이같이 현자는 자신을 다듬는다. 그리고 자기가 자신의 주인임을 분명히 깨닫고 목수가 나무를 깎고 다듬어 놓는 것처럼 자신을 완전히 다듬어 놓은 현자는 바위가 바람에 흔들리지 않듯이 현자는 비방과 칭찬의 소리에는 움직이지 않는다. 깊은 호수가 맑고 조용하듯 현자는 진리를 듣고 고요하여진다." 라고 부처님은 그 바라문에게 차근차근히 일러 주었다.

그저 묵묵히 부처님의 말씀을 듣고 있던 바라문은 무엇이 크게 자기를 때리는 듯한 충격을 받았다. 그러더니 자기의 눈이 갑자기 환하게 열리는 듯했다. 부처님의 깊은 뜻을 듣고 이해하였을 때 그는 정말 사람이 다듬어야 할 재주가 무엇인가를 바로 깨우친 것이다.

부처님의 입에서 지혜의 말씀은 다시 계속됐다.

"현자는 무슨 일이 일어나도 그대로 걸어간다. 쾌락을 구하여 말하지 않는다. 현자는 행복이 오건 불행이 오건 흔들리지 않는다."

이때를 계기로 그 바라문은 부처님의 독실한 제자가 되었다.

자기만이 주인이다

"자기만이 자기의 주인이다. 누가 따로 주인이 있으랴. 자기만 잘 억제되면 얻기 힘든 주인을 얻으리라."

옛날 돼지 열 마리가 강을 건너간 일이 있었다. 다 건너간 다음 그들은 머릿수를 다시 세어 보았다. 그런데 이상한 일이었다. 아무리 세어 보아도 아홉 마리밖에 되지 않았다. 그들은 한 마리가 물에 빠진 것이라고 생각하였다. 그러나 한 마리씩 한 마리씩 훑어보면 물에 빠진 돼지는 없었다. 그런데 전체 머릿수는 한 마리가 없는 아홉 마리 뿐이다. 어리석은 돼지들은 갈 길도 못

가고 그 자리에서 온 종일 꿀꿀 대며 서로 셈하는 일만 되풀이하고 있었다.

자기를 빼놓고 남만 세는 '돼지 셈'이란 이야기가 여기서 나왔다.

우리들도 나를 잊어버리고 남의 일에만 정신이 팔릴 때가 있다. 돼지만 어리석은 것이 아니고 사람도 어리석은 것이다. 자기는 없는 것처럼 생각하기 때문에 모든 책임지는 일은 남에게 미룬다. 마땅히 함께 짊어져야 할 책임도 자기는 교묘하게 빠져버린다. 전 학급이 연대책임을 져야 하는 중대한 사건이 벌어져도 자기는 아랑곳없다는 듯이 쑥 빠진다. 이 같은 사람은 항상 남의 앞에서 자기를 숨기고 자기를 잊어버리려고 하기 때문에 정말 자기는 자기 자신조차 모르고 만다. 자기를 모르고 있는 동안 사람은 점점 자기를 잃게 된다. 자기를 잃어버렸는데 자기의 주인이 있을 수 있겠는가.

그러므로 자기를 잃어버린 사람은 언제나 자기도 알지 못하는 사이에 남의 노예가 되어버리고 마는 것이다. 자기를 잃어버리고 있는 동안 남이 자기를 지배하게 된다. 주인이 없는 텅 빈 자기 자신이기 때문에 누구나 쉽사리 들어와서 지배할 수 있는 것이다.

우리는 먼저 나를 찾아야겠다. 그리고 나를 항상 남 앞에 떳떳이 내세워야 한다. 자기보다 먼저 남부터 세는 돼지의 어리석은 셈이 아니고 자기부터 세는 현자의 셈법을 배워야 한다.

그리고 전 학급이 연대로 짊어질 책임이라면 자기가 남보다 먼저 앞장서서 그 책임을 짊어지고 나가는 사람이 되도록 노력하여야 한다.

자기를 똑바로 찾았을 때 사람은 누가 자기의 주인임을 깨닫게 된다. 자기의 주인은 남이 아니고 바로 자기 자신이다. 아무도 자기 자신이 될 수는 없다. 자기를 똑바로 찾아서 또 자기 자신이 자기의 주인임을 굳게 지키고 있으면 아무리 사나운 적이라도 함부로 자기를 지배하지 못한다. 자기 자신을 절대로 남이 함부로 지배하지 못한다.

자기를 위한다는 일이 아무리 커도 자신의 의무를 등한히 하지 말라. 자신의 의무를 알고 그 의무에 충실해야 한다.

[후 기(後記)]

마음의 관리를 생활화하기 위하여

요즘은 어디를 가나 사고방지와 건강관리가 문제가 되고 있습니다. 말로만이 아닌 실적을 거두어 주기 바라는 마음 간절합니다. 그러나 마음의 관리는 사회적인 심각한 문제를 노출하면서도 책임 있는 대책이 마련되지 못하고 있습니다.

마음의 관리란 깨끗한 양심의 요구에 따라 마음속에 힘껏 바라고 찾는 염원(念願)을 갖는 것입니다.

"국민은 일상생활에서 '반야바라밀다'를 생각하라, 직장을 가진 자는 근무하는 일터에 나가면서 이것을 생각하라." 이렇게 말한 옛 성인의 말이 있습니다. 현대인도 우리 마음속 깊이 생각하며 찾는 것이 있어야겠습니다.

우리는 흔히 세상 사는 보람을 느낄 수 없다는 말을 듣는 때가 있습니다. 하는 일이 세분화됨에 따라서 작은 것일지라도 하나의 전체를 만드는 기쁨을 가질 수 없는 것이 한 원인이라고 합니다. 그렇다면 자신의 인간성 개발을 평소에 생각하고 찾아야 할 일이 아니겠습니까? 새로운 자신을 만들어 가는 기쁨을 만끽할 수 있으리라 믿습니다. 이것은 자기뿐만이 아니라, 주위에 있는 사람의 인간성을 개발하는 커다란 기쁨에 통하는 것입니다.

우리는 수입(收入)의 증가를 바라보면서도, 문틈으로 새는 바람 같은 것이 마음과 가슴을 불어 헤치고 지나가는 쓸쓸함을 부인할 수 없습니다. 어떻게 해서라도 마음을 풍성하게 살찌도록 해야겠습니다.

그러기 위해서는 먼저 자기 PR시대라고 생각하는, 이 자신에게 정면으로 대결해야 하는 것입니다. 자기 PR에 열중하고 있는 이 자신은, 실로 하찮은 것, 믿을 수 없는 것으로서 남김없이 부수어 해체하는 것입니다. 묵은 자신을 해체하는 순간, 진짜 인간으로서의 자기가 개발되는 것이 아니겠습니까?

미련과 집착을 남김없이 날려버리고, 인생은 본디 허무한 것이다 - 아니다, 하는 그것마저 없는 것임을, 바닥부터 알게 되었을 때 비로소 빛으로 가득 찬, 공(空)이 자기 안으로 들어오는 것입니다. 여기서 우리는 자신의 마음의 관리와 인간성 개발이라고 하는 삶의 보람을 가슴 가득히 체득하게 됩니다.

본문에서 되풀이해서 말씀드린 바와 같이 이 지혜를 반야의 지혜라고 합니다. 앞에 나온 성인의 말도 이 지혜의 개발을 생활화하라는 뜻이었던 것입니다. 특히 반야의 지혜를 중심으로 진리를 풀어서 가르치는 것이 《반야심경》입니다.

이제는 《반야심경》을 누구든지 친근감을 갖고 읽을 수 있고, 이해할 수 있도록 하는 것이 시급한 문제가 되고 있습니다. 우리말의 국어만으로도 그 뜻을 읽어서 알 수 있도록 하고 두고두고 이것을 생활화할 수 있도록 해야겠습니다. 그러기 위해서는 모든 어려움을 무릅쓰고 친숙하기 어렵던 철학과 종교의 용어를 가능한 한 모두 풀어서 귀에 익은 우리 한글로 바꾸는 것이 필요했던 것입니다. 아무리 깊고 훌륭한 진리의 말이라도, 많은 사람들이 그것을 제대로 이해하지 못한다면 너무나도 애석한 일이 아닐 수 없기 때문입니다.

그러한 의미에서 뜻을 같이 하는 몇몇 분들의 적극적인 격려와 권유에 감동되어 모자라나마 있는 힘을 다해서 이 원고를 작성하기에 이르렀습니다. 중요하다고 여겨지는 낱말에 통일을 기하지 못했음을 밝히지 않을 수 없습니다.

그러나 이것은 어디까지나 어려운 한자 표기와, 외국 원어에 대한 편자의 이해하는 과정이 나아감에 따라, 이해력이 성장하는 과정과 같은 것이므로 독자 여러분의 이해에도 도움이 될까 해서 그대로 둔 것임을 말씀드리겠습니다.

쉽게 읽는 반야심경

초판1쇄 인쇄 2024년 8월 16일
초판1쇄 발행 2024년 8월 20일

지은이 송산
펴낸이 이태선
펴낸곳 창작시대사

주소 경기 고양시 일산동구 장백로 20 굿모닝힐 102동 905호
전화 031) 978-5355
팩스 031) 973-5385
이메일 changzak@naver.com
등록번호 제2-1150호 (1991년 4월 9일)

ISBN 978-89-7447-279-5   03220

- 책값은 뒤표지에 있습니다.
- 무단 복제와 무단 전재를 금합니다.
- 잘못 만들어진 책은 바꾸어 드립니다.